奇蹟課程導讀系列（二）

生命的另類對話

若水◎著

目 次

序

　　《生命的另類對話》彙集了我近年來在「奇蹟課程中文網站」答客問一欄答覆讀者的問題，它是從《奇蹟課程》的寬恕理念出發，重新解讀現實生活中的種種挑戰。不論是個人事業、愛情或家庭，甚至戰爭的問題，縱然發生於每個時代、每個家庭中，但只要一牽涉自己在內，每一個問題都成了特殊而且棘手的個案。當我們陷於困境時，不都有過「不足為外人道也」的孤單與隱痛嗎？

　　其實，「人生只有一個問題，也只有一個答案」，只因我們對人生的基本解讀有誤，才會衍生出世間百千萬個解決不了的無頭公案來。人生問題是解決不完的，否則坊間哪會每年都出版上千種自助自勵書籍，提供一堆須知與秘訣，還能年年躋身暢銷排行榜？

　　《奇蹟課程》則把千百種人生難題還原為一個問題，然後，幫你看清那問題其實只存於你的想法裡。你唯有進入自己的內心去解，才切得斷那糾纏著你、折磨著你的金箍圈。《生命的另類對話》雖以閒話家常的方式談笑人間事，它所涉及的高度與深度仍不離《奇蹟課程》的絕對境界。我們若從未清理（undo）過小我的「罪、咎、懼」三部曲，縱然你在閱讀這些「

另類對話」時感到「言之成理」，甚至會為書裡的慧見所折服，一旦面對現實挑戰時，仍會陷於「心有餘而力不足」的窘境。

這絕不是因為你不懂「道理」，而是你內在的小我明白，你一旦聽信了這一番道理，你們以前精心打造出來的人生或世界便開始瓦解了。為此，它必會找盡藉口，加以阻撓或扭曲，使你無法了解《奇蹟課程》的真實訊息。

為此，在閱讀這些「另類對話」之前，你必須先了解第一冊導讀《創造奇蹟的課程》所介紹的「聖靈與小我」兩套思想體系；兩者不僅無法並存，而且相互否定。

現代流行的心靈學或新時代思潮，大都採取「不負如來不負卿」的途徑；追逐靈性經驗，只為了點綴自己逐漸枯竭的生活。口中說著「成長」、「超脫」，骨子裡其實是為了鞏固「我的」生活，「我的」家人，「我的」成就。

《奇蹟課程》則純由「終極實相」出發，它提醒你，在現實社會中奮鬥向上的你，根本不是你；你只是在觀賞一部已經完成的影片，看得如此入戲，不自覺與戲中的主角認同，身歷其境地重溫他的舊夢而已，因而陷入一個時空大幻境之中。在上述兩種截然不同的前提下，可想而知，這兩套思想體系對人生問題的解讀方式與處理途徑也必有天壤之別。

　　〈學員練習手冊〉則是化解（undo）小我的「罪、咎、懼」最高明的一套課程，它一課一課地幫我們拆除小我的防禦措施，又一課一課地教我們放下內疚而選擇愛，在它的潛移默化下，世俗生活裡的每一件瑣事或關係不知不覺地轉化為一種起死回生的醒悟經驗。若無這三百六十五課的操練基礎，書中精采而有趣的問答，可能會流於紙上談兵。

　　這一本書就是根據這一「奇蹟原則」而給的另類答覆，在此特別感謝「答客問」的「問題學生」們，若非他們的提問，這部書也就無緣見諸於世。我們深盼在這一問一答之間，能幫你在山窮水盡之際，抬眼看到柳暗花明。為此，我們一起向你寄上祝福。

　　歡迎繼續上網指教 http://www.accim.org

若水

西元2008年若水題於美國加州星塵軒

上　篇

與現實人生對話

它既然已把人生界定為一場夢，

豈會幫我們去美化夢境，

讓我們耽溺於此而不肯出離？

1

靈修觀點在商場使不上力？

問：活在爾虞我詐的商場裡，《奇蹟課程》那一套高標準的思想，好像使不上力似的。就以我的職場經驗為例，我受大老闆之命，設計讓二老闆主動放棄部分職權，我很「覺知」地進行這個「杯酒釋兵權」的計謀，在二老闆的信任下，完成大老闆的心願。雖然計謀奏效了，但我很清楚自己的詭計，只好寬恕自己說：「人在江湖，身不由己。」我覺得《奇蹟課程》只能用在個人的修養上，在商場裡是行不通的。

答：首先，我同意你說的，想用《奇蹟課程》在商場裡殺出一條路來，必會遭滑鐵盧的，不是因為《奇蹟課程》不靈，而是你用錯了藥，《奇蹟課程》原本就不是治癒（商場）世界的藥方。它既然已把人生界定為一場夢，豈會幫我們去美化夢境，讓我們耽溺於此而不肯出離；但它從未忘卻夢境中的「你」。

　　它要治癒的不是你的（商場）世界，而是（商場）世界中的你。你能看出兩者的不同嗎？

　　心是純靈的，但已經落在物質形式下的我們，那顆心靈早已裹上了一層陰影，遮蔽了原有的光輝。那陰影久而久之，成了我們生命的一部分，不知道自己只是一道陰影而已，直到它投射出來，化身為地區、家庭、性別、教育、工作以及從小到大的人際關係，讓我們與陰影照面，內在的光輝才有重新釋放的可能。

　　換句話說，我們今天會置身於商場或某種關係裡，絕非偶然，它是過去的「因」所形成的「果」，如果我們不知道借境練心，予以轉化，只是沿用爾虞我詐的商場規則應付下去，不論成功與否，我們仍落在同一條人生軌跡上。如果這條道路能帶給你幸福與平安，你當然無須「換跑道」，直到有一天你看清了，世間的名位財富並沒有實現它所許諾給你的幸福，反而讓你更厭惡自己，這時，你便會想要學習其他的本領，設法由那陷阱裡「岔」出另一條路。

　　同樣活在商場中，可以修行，也可以隨波逐流地打混，兩者不同之處在於手段與目的的差異。在商場修行的人，視商場為手段，活出自己的理想才是目的。常感到「人在江湖，身不由己」的人，通常都是在商場打混的人，他們已經認定自己受役於商場的遊戲規則，如何在商場中闖出一片天，成了他的唯一目標，必要時，犧牲自己的幸福，甚且放棄理想，都成了他不得不付出的代價。我想，你在公司裡大概常常看到這類「不快樂的成功人」。

　　也許你會說：「唉，你說得太高了，我也不求什麼功名富貴，只因上有高堂，下有兒女，總得守住一個職業，不能不委曲求全，混一口飯吃嘛！」這類觀念正是陷你於受害者的元兇，殊不知，高堂也好、兒女也好、職業也好，哪一個不是你自己牽出的一段因緣呢？如今你卻用他們作為自己「受困」的理由。

　　在先進國家裡，人們照常得為生活奔波，但愈來愈多人已經不甘受經濟社會的擺佈，而建立自己的生活風格。先是嬉皮風潮，揚棄商業化的生活取向，追尋自我；然後是雅痞族，進入社會主流，追求高品質與高享受的生活；近年來又出現一批「頂客族」（雙薪且沒有小孩），迴避家庭的負擔，寧願選擇中等薪資卻有閒暇的工作，才好盡情享受人生。後兩者並沒有離開經濟掛帥的社會，他們仍能自成一族，因為他們有意識地選擇了自己想要的生活型態。

　　要能不再與其他「身不由己」的人隨波逐流，背後，必有一套人生觀在支撐著。近年來，愈來愈多企管或經商的書籍，採用了《奇蹟課程》的觀念，重新打造出一種商業文化，我相信這些「奇蹟理念」遲早會在商場社會中醞釀出一種風格，因為奇蹟族人相信：「奇蹟本是最自然不過的事了，當它匿跡不現時，便表示（生活）出了問題。」

　　讓我們再回到你的現實環境吧！你若堅守商場「弱肉強食」的遊戲規則的話，公司裡的人很快就會變得豬八戒照鏡子，沒一個像人樣了。就用你的處境為例：即使你完成了老闆託付的使命，外表上，他也許會器重你，把所有耍詐的事情都丟給你，但我相信他內心對你的戒心會更重，深恐你反過身來也會擺他一道，他甚至會因為你的「不擇手段」而輕視你，根本忘了那原是他自己的主意。

　　反之，如果你能以不帶批判攻擊的方式婉拒大老闆的委託，也許他會憤怒一時，但將來在某些關鍵事務上，他會想起曾經有一位「尚有原則與良心」的人。陷害耍詐，未必是商場唯一的生存之道，在我們社會裡，畢竟還是有不少有遠見有氣度的大企業家的。

　　話又說回來，你幫大老闆解除了二老闆的部分「兵權」，搞不好，你做了一個功德，為二老闆留了一條生路，否則，你想，功高震主的二老闆又能在主管的猜忌下撐多久呢？

　　商場本來就是「荒野叢林」，一時誰也說不清是非對錯好壞的，所以《奇蹟課程》根本不管你「做」什麼，只是請你不要說「人在江湖，身不由己」，你仍有選擇的餘地。當初《奇蹟課程》正是因著比爾忍受不了同事之間的傾軋而衝出的一句話才來到人間：「一定還有其他的出路才對！」

　　你仍大有可為。你可以觀照：為什麼你認為非這樣做不可？你做的時候是怎樣自圓其說的？你擔心害怕的事情是否只是根據你過去的經驗？也許你把心裡的隱憂放掉以後，其他的可能性便出現了。

　　《奇蹟課程》既然講明了，它是以人際關係作為道場，那麼職場或商場便成了你施展身手最好的場所。可記得〈學員練習手冊〉的基本原則：「*絕不容許自己妄行設定一些例外*」（W-Intro.9:4）？你把商場劃到靈修領域之外，以為家庭或學校的較勁與爭寵會比商場更清高？其實世上每一角落都一樣，只要碰到人，小我一定投射，都是「換湯不換藥」的權力紛爭。不論你身在何處，那就是你的道場。你要尊小我為師，還是聆聽大我（屬靈）的聲音，就看你的選擇了。

不是不公的社會帶給人類痛苦，

而是一群在潛意識中深受內疚所苦的心靈，

共同營造出戰爭與不公的社會。

對政經教育的看法？

問：《奇蹟課程》對政治、經濟、教育有何特別看法？

答：人間的政治教育活動，或是社會家庭事件，在《奇蹟課程》眼中原是同一回事，都是小我為了存活而在人間建立的防禦措施，然後賦予它們種種意義，來彌補生命的虛無感。它們都是人心營造出來的彌補措施，存心讓我們陷於永遠解決不完的問題而看不清人生真正的目的，我們若不警覺它背後這一動機，一味想要改造世界，是不可能有任何結果的。

　　我們誤以為人間的痛苦是源自政治腐敗，社會不公，只要改變制度，世上的問題便會迎刃而解，於是產生了無數烏托邦或大同理想。早在二十世紀初期，佛洛伊德便曾鐵口直斷，馬克斯的政治理想註定會失敗，即使它比其他的烏托邦理念具備了更詳盡的理論基礎與實踐方法，由於它沒有處理人性的陰暗面，沒有把人性的自私本質與毀滅傾向包括在它的體系內，因此它註定失敗。

　　《奇蹟課程》指出：一般思想家把問題的本末顛倒了，

不是不公的社會帶給人類痛苦，而是一群在潛意識中深受內疚所苦的心靈，共同營造出戰爭與不公的社會，來懲罰自己與別人，來呼應人心中根深柢固的「受害心態」。人們無法面對這一陰影，「故意」曲解現實的因果關係。唯有如此，人們才不必為自己的遭遇負責，也唯有如此，才能理直氣壯地把憤怒投射在迫害者身上。外表上，人們抗議世界對自己的不公，冥冥中卻感到：「我早就料到⋯⋯。」有一種宿命或認命的感覺。

因此，《奇蹟課程》提出一個徹底化解潛意識的內疚的辦法，就是寬恕自己投射到別人身上的問題，這才是釜底抽薪之道。當這種「真寬恕」的胸懷，開了你的慧眼，那麼不論你身在何處，或在政界或慈善組織，才可能帶給人類「真正的」貢獻。

但是，請務必留心，所謂的「貢獻」不是為別人，而是出自你本人的需要。你需要在你服務的場景，不斷化解自己潛意識裡冒出來的怨憤、批判或自責，不斷修正你「外求與外證」的錯誤人生觀。唯有當你自己看清了問題的「因」，社會或教育問題才會有一線光明。

因此，我們可以說，你對社會或國家的貢獻其實只是你尋回自己時的「附贈品」。世俗對「貢獻」的觀點恰恰相反，常是一群找不到生命意義的人，希望透過服務他人或貢獻

社會來賦予空虛的自己某種價值，結果呢？我們都已經看到，社會或國家不斷令他們失望，致使「理想家」們不得不轉向暴力，最後淪為流血革命。他們所帶來的災難，不亞於他們原想推翻的暴君。

說實話，每天在報紙上見證台灣政客的短兵相接、血肉相搏，其激烈的程度實在不亞於殺戮戰場，我不能不佩服這些政客的忍辱及抗壓能力。我只是擔心，若沒有「另一套」人生理念，將這些政客的眼光提昇於戰場之上，這一場生死般的搏鬥，所磨練出來的常是動物性的求生本能，愈鬥愈詐、愈鬥愈狠而已。從靈性角度觀之，這樣的人生可真是一場不值的耗費。

總之，社會政治教育等問題，在《奇蹟課程》的眼中都是無關緊要的議題。它們只是問題的後果，而不是問題的起因。套用我常用的比喻，你若只改寫網頁上的畫面，絲毫不懂網頁後面的電腦程式，也沒好好學過重寫程式的本領，就算是你為世界摩頂放踵、肝腦塗地，世界依然故我。這不是我們的詛咒，歷史一再向我們證明這一事實，但我們就是不願意面對，總抱著「也許還有其他更高明的辦法」這類僥倖心理。

世界沒有變好過，也沒有變壞過，它始終就是那樣。

　　《奇蹟課程》甚至還會特別提醒那些雄心大志、滿腔熱血想要改善世界、促進大同的有心人說：不妨往自己心內瞧一瞧，你會不會不自覺地在迴避自己內在某種陰影？你是不是想要遮掩「與生命根源分裂的世界不可能不苦」的真相？

（後記：此文尚未寫完，我就在電視上看到烏干達種族屠殺的電影，一百天殺了八十萬人，這類慘絕人寰、匪夷所思的暴行可不是偶發事件，幾乎年年都有。以前好像都是列強剝削殖民，如今可是自家人殺自家人，Serbia 殺 Croatia，Iraq 殺 Kurd，Hutu 殺 Tutsi，當西方國家還在開會想搞清楚究竟誰是好人誰是壞人時，「每一天」數萬Tutsi人慘遭殺戮。最不可思議的是，那些兇手並非什麼萬惡的魔鬼，而是原來的鄰居。是什麼因素讓尋常老百姓一夜之間喪失了人性？若不深入人性的陰暗面，而想透過制度、法律甚至思想來拯救人類，最後只會讓人心碎）

先生在外一條龍，在家一條蟲

問：朋友的老婆大人常唸老公東西亂丟，工作能力不錯，可是有點生活白癡，這是她的「投射」？還是陳述事實？該如何建議她去面對及看待，才會比較笑口常開？

答：當你說你朋友在外面挺有能力的，到了家裡就成了白癡，那很顯然，他的白癡絕不是「事實」，而是一種應對方式，也就是《奇蹟課程》說的小我的防衛措施。

《奇蹟課程》認為人類的一切作為，基本上都是一種防衛措施，那麼你不能不問：為什麼？為什麼他在其他女人面前並不笨拙，只是在「這一位」女人面前成了白癡？

人與人之間，就與動物一樣，都是一種權力鬥爭（power struggle），誰才是老大（alpha dog）？只是「小我」比貓狗複雜得多，它的高明處就是把真正的動機藏在袖子裡，巧立名目，鬥個你死我活，總在問題的外圍打轉，並不真想解決問題。

　　其實，丈夫裝笨與人們生病一樣，都是一種「以退為進」的反擊方式。外表上「老婆大人」為此痛心疾首，其實自視為二等公民的女人，結婚之後，不斷用許多暗示或言行讓丈夫顯得笨拙，這也是女性平衡力量、收回掌控權的一種手法。只是小我一向詭詐，自己幹出的事情，立刻把動機忘了，寧可視自己為受害者，才能轉過身來為丈夫的笨拙而憤怒得理直氣壯。

　　你問我「該如何建議她去面對及看待，才會比較笑口常開？」《奇蹟課程》的原則非常簡單：問題不在外面，別受表相的欺騙，人們的每個舉動背後都有它的「目的」，我們應該去追問小我暗地裡的動機，而不是處心積慮去解決對方的問題。因為你說得很清楚了，那位大男人在公司的表現毫不白癡，所以白癡絕不是他的問題，反映的可能是老婆的問題；可能亂丟東西的男人並非問題，老婆感到「不能不」跟著他屁股後面撿東西，其中大有問題。她若能反身自問：「為什麼一個能幹的男人一回到我身邊就變笨了？」那麼，這個婚姻關係便有救了。

　　這就是《奇蹟課程》快刀斬亂麻的手法，在它的照妖鏡下，五花八門的親密關係問題立刻現出原形，它與社會正義、國際戰爭都是同一回事，都是自慚形穢的自己為了爭取他人的尊重與愛而出的下下策。如此，我們眼中所見到的別人

的問題，其實給了我們一個機會，好好面對自己壓到潛意識下的真正問題。

＊

你這問題勾起了我很深的感觸，新時代的朋友平常只愛去看人生的光明面，終日說些深奧的宇宙玄理，或是充滿愛與光明的話，一碰到現實問題，依然束手無策。《奇蹟課程》最常受新時代讀者詬病之處是：「幹嘛那麼消極！沒事老去挖小我的糞，愈強調小我的陰暗面，愈會失去能量。」

其實，恰恰相反，新時代讀者愈怕面對陰暗面，反而肯定了陰暗面的力量，才會避之唯恐不及。《奇蹟課程》說，不去揭發小我或潛意識的伎倆，正成了你對它的最大保護。奇蹟讀者知道，只要我們不附和小我的陰謀，賦予它力量，它成了裝模作樣的紙老虎，只是無傷大雅的兒戲，對你毫無控制力，所以我們敢把小我的陰謀或糗事搬到檯面上來討論，甚至當笑話來說。

我們明明在人間經歷生老病死的痛苦，有家歸不得，何必再粉飾太平，說這只是「遊戲」而已？人類能夠搞出一個三千大千世界，這個「小我」絕不是省油的燈，切莫小看它，以為裝作它不存在，就能夠繞過小我，另闢一個烏托邦，

甚至投射到另一個星球去，就能擺脫小我掌控。這類觀點其實與「舊時代」的思想模式同出一轍，只是場景換到了宇宙或其他星球上，換湯不換藥。

歷史上有多少英雄想要改造世界，結果呢？為什麼人類始終不肯面對這擺在眼前的史實？我們必須有勇氣追問這種鴕鳥心態背後的陰謀，才可能不繼續受小我的矇騙。

《奇蹟課程》一針見血地說，要在天堂之外建造一個幸福的人間，這不僅是緣木求魚，對真神還是一種褻瀆。小我利用烏托邦迷思，想將世界改造成人間天堂，目的就是讓我們安心地在人間百千萬劫地混下去。《奇蹟課程》則為人類指出「另一條路」，目的是領我們「回家」，不是美化人間。那是徹頭徹尾的「另一條路」，有它自己的形上理論基礎，有它獨到的方法，有它屹立不搖的目標。它「以小我之道還治小我」，借用人們所操心的每個問題，卻用聖靈的方法，回到一切問題的唯一肇因上面去解（undo）。

只要「用對了」它的方法（我敢保證，小我會無所不用其極地去曲解，去誤解它），人生噩夢自然轉為美夢，然而，這絕不是它的目的，僅僅是「正業正念」自然產生的「附贈品」而已。所以《奇蹟課程》一再提醒我們，切莫「層次混淆」，切莫「因果倒置」，這都是小我讓問題無法解決的陰險伎倆。

　　我們之所以會營造出一個物質世界，只要稍加深究，便不難看出，它要我們「忘卻自己原是心靈」。因此，《奇蹟課程》反覆地拆穿小我要我們「誤把杭州當汴州」的騙局，再三提醒我們，我們不是身體，不是這人，而是徹頭徹尾的靈性；世界也不是我們的家，千萬不要掉入社會問題、經濟問題、教育問題及婚姻問題的表相裡，那裡不是問題的癥結，一切問題都埋在你的心裡。

　　人們若真信得過《奇蹟課程》這一套理念體系，透過親密關係，化解了自己根深柢固的心結以後（天曉得它已經跟隨你度過多生多劫了），那麼婚姻自然不成問題。不論你身在學校或是社會，或是政局裡，你自然知道如何將你的平安延伸到你所接觸的環境裡。若不能將問題的因果擺對地方，保證丈夫的問題解決了，孩子的問題接踵而至，孩子離家以後，垂垂老去的父母又讓你疲於奔命。這樣「服務」人類一輩子，以為是在修行，其實始終都在為虛幻世界的價值體系撐腰而不自覺。

對婚姻「忠誠」，只答覆了責任的問題，
未必答覆了人心渴望的愛與自由。

追求第二春的權利？

問：轉眼已進入坐四望五的年齡了，孩子都已成長，事業也穩定了，老婆也算是老夫老妻，沒啥好談的了。不怕你見笑，我十分渴望「再戀愛一次」，只要我守得住底線，不發生性關係，不始亂終棄，也就算對得起我太太了，為什麼硬要把人的感情困鎖在「一夫一妻」的窠臼中呢？

答：嗯，這問題棘手得很，卻很有意思，它牽涉到人生許多層面，可以由不同的角度切入，我看可以開闢論壇了。

你提出了一個讓人深思的問題：夫妻關係忠誠的底線究竟在哪裡？

在男人當權的封建社會裡，婚姻是以傳宗接代為目的，因此夫妻忠誠的問題可說根本不存在，男人可以三妻四妾，女人只是「買」來履行生養責任而已。

如今「男女平等」的觀念在西方社會比較流行，他們仍在努力將平等的觀念落實於薪資、福利、責任與需求方面，

夫妻雙方負起同等養家育兒的責任，也同樣享有追求幸福的
權利，於是責任與自由之間便可能產生矛盾。然而，對婚姻
「忠誠」，只答覆了責任的問題，未必答覆了人心渴望的愛
與自由。

但願能「再戀愛一次」的渴望，絕不是你的專利，遠可
推溯到老酋長娶少妻的習俗，近則不妨回顧一下那勸人「頭
上勿忘插朵花兒」的嬉皮時代。他們把自由的理念充分發揮
於性關係上，他們允許雜交、換偶，他們把「忠誠」界定為
「互不隱瞞，彼此接納」。奇怪的是，這個解放運動混不到
幾年，那群青年男女就紛紛回歸主流社會了。

美國公共電視台（PBS）曾做了一段回顧性的訪談，當
時顯赫一時的嬉皮領袖如今大都已成家立業了，當他們提起
那段荒唐的日子，話中都少不了一個形容詞 " stupid "。他
們絕大多數都對自己的兒女絕口不提這一段過去，當主持人
問起，他們能否接受自己的兒女嘗試這一類生活？大多數人
都笑著搖頭，有位甚至開玩笑說：「我會打斷他的狗腿！」

為什麼充滿理想與浪漫的嬉皮時代衝不過幾年的光景？
我常想，嬉皮時代若沒有迷幻藥的為虎作倀，大概連三年都
持續不下去。為什麼？他們掙脫形式與制度，追求愛情與性
快感，這至今仍是大多數人的夢想，然而，是什麼因素替我
們證明了那是行不通的？

　　顯然，自由、尊重、性快感似乎沒有滿足那些年輕人的需求，他們最後還是轉向婚姻，那麼，究竟婚姻關係提供給他們什麼「性解放」所不能給的？

　　說到這裡，我們不能不談一談《奇蹟課程》所謂的「特殊關係」（special relationship）了。人活在世界上最普遍的感覺就是自己是孤單的、匱乏的、不夠好的、不被人愛的、害怕被人拋棄的，所以才會卯盡全力在世間找出一個能夠陪伴他、欣賞他、彌補他、愛他、對他絕對忠誠的人。婚姻關係就是建立在這樣的契約上的。

　　它給了一個不知道自己是誰的人一種身分，它給了一個看不出自己生命價值的人某種重要性，它在芸芸眾生中為這孤獨的生命建立了一個密度極強的生活天地，在這小小天地裡，他（她）是舉足輕重之人（somebody），而非無名小卒（nobody）！它如大海中的孤舟，在蒼茫天地間，為漂泊無依的我們「定位」，為我們在複雜的社群中尋到一個穩定的角色，所以我們才甘心為這關係獻出自己的一生。

　　然而，當王子與公主結婚以後，才慢慢醒悟自己所能給的永遠填補不了彼此心靈的飢渴。現實逼著他們妥協，降低自己的期待：「不必終日思念我了，只要肯回家吃飯就不錯了」；「不敢奢望他來欣賞我了，能不嘮叨罵人就夠好了」；「不敢期待他來彌補什麼需求了，只要少讓我煩心，就謝天

謝地了」；「不必談什麼愛了，能定時拿錢回來養家就滿足了」。我聽說，在權貴豪門的婦女連基本的忠誠都不敢奢望，即使丈夫另築香巢，只要別公開明講，也就忍氣吞聲了。

忍是忍下來了，卻捺不下心頭的怨。人心既是無限的，它的要求一定也是無限的：全部的愛、全部的信任與關注、全部的時間、全部的許諾。任何保留，在親密關係中都是一種「背叛」，也是一種「侮辱」，因為不完整的愛無異於向對方說：「你不夠完美，不值得我付出全部的心意，你若不能滿足我的需求，我隨時都可以拋棄你。」還有什麼能比這種表態更傷我們脆弱的自我形象？

也許，我們根本不用問：「婚姻忠誠的底線在哪裡？」因為它根本沒有底線，每一個人要的都是「絕對」與「全部」，那是一種完全的奉獻，也是完全的吞併。我們該問的反倒是：我們是否可能對一個關係徹底忠誠？這種忠誠是否會窒息我們渴望自由而不受拘束的心靈？

現實生活呆板的作息，吵不出新意的架，都會讓我們開始渴望「再戀愛一次」，尋找另一對愛慕自己的眼神，為自己瀕臨枯竭的心湖激起些許漣漪，再度證明自己是值得追求，值得被愛的。

你可曾想過，不論是婚姻關係也好，或是婚外情也好，都是同一個小我模子打造出來的「特殊關係」。如果一個不

成功，再找一個類似的關係來取代，豈能提高它的成功率？在實驗室裡，一次實驗不成功的案例，除非增加新的元素，否則再試一百次，也不會成功的，不是嗎？

六十年代嬉皮們試著改寫親密關係的程式，把婚姻的束縛取消，結果證明了此路不通。君不見，情婦也好，小老婆也好，照吵不誤。雖然她們會因身分的不同而以曖昧或間接的手法予取予求，她們真正要的其實仍是「全部的愛與忠誠的奉獻」。

那麼，我們豈非走入了死胡同？是的，人間的親密關係確實是一個死胡同，然而，《奇蹟課程》仍有辦法讓它起死回生，它教我們如何轉化這個愛恨交織的親密關係之程式，聽起來好似違反了世間的常理，但只要親身實驗，便不難發現它確有起死回生之效：

> 唯有寬恕別人，你才可能體會到自己已被寬恕；
> 唯有給出愛，你才會感受到自己是被愛的；
> 唯有尊重別人，才會感受到自己的尊嚴。

你若能不受對方的「恐懼—自衛」反應所蒙蔽，直接肯定他與生俱來的神聖美善，你才可能肯定自己內在的神聖美善。

你渴望的「再戀愛一次」，其實就是希望「再『被愛』一次」。然而，被愛的感受不可能來自他人，而是出自個人

的內心，否則人間豈會有那麼多「單相思」或「不來電」的愛情悲劇。

《奇蹟課程》提醒我們，活在有限的身體與世界裡的人，永遠無法填滿我們內心的空虛，唯有自己的「心」才有能力彌補自己的空虛。問題是，人類潛意識中埋藏了很深的「自我嫌惡」心理，讓我們很難真正地愛自己或寬恕自己；而那個尚未寬恕的陰影必會投射到親人身上。因此，親密關係不必是彌補我們空虛的替代品，反而可以成為學習愛自己與寬恕自己的道場。

夫妻的愛不是為了忠誠，而是自己願意學習去給的一種禮物，那種愛不是基於對方的表現，也不是他理所當然應該得到的，而是一種白白的賜予。它會慢慢成為你的「自我表述」，成了你的生命特質，藉此挖掘出自己深埋已久的寶藏——生命本質的愛，這與對方配不配得到全然無關。

這種愛必會帶來奇蹟。它可能使你們更加親密，也可能讓你們看出這種婚姻關係對雙方都不健康而甘心釋放對方。

你的一個浪漫感覺，引出我這番感慨，也許我「言重」了。都已邁入中年的我們，確實該重新反省一下自己的婚姻，年輕時在賀爾蒙及家人的推動下，懵懵懂懂地掉進了婚姻與家庭，孩子離家後，只剩下二老終日相對，該清理一下這筆感情的帳了。

我愛上了有夫之婦

問：我愛上了一位有夫之婦，幾度想放棄，卻怎麼也割捨不下。有些新時代的朋友鼓勵我去經歷一下，但我害怕造業。我擔心自己是否濫用「寬恕」來掩飾劣行，「無是非對錯」這類新觀念也許能撫平心裡的內疚，卻除不去這個罪業。最近疲累得出現耳鳴的現象，是否是因為我在抗拒佛陀的教誨？我一直想成為佛陀的好弟子，卻做出這類讓他失望的事情，我不知該怎麼辦才好。

答：奇怪，最近一連串有幾位朋友跟我談起情感上的困擾，讀了你的來信，更能感受到你的椎心之痛，只因你是修行道上的人。

　　我相信，仁義道德、因果報應這些大道理，你全了解，也正是這些倫理教訓讓你無法單純地面對自己的感情問題。如果你自己沒有陷入愛情的話，大概也會用那些冠冕堂皇的話來勸導別人，直到你一腳陷入愛的「陷阱」，才明白，那些道理實在是隔靴搔癢。

　　我在宗教圈子裡面混了大半輩子，深感修行人很容易自我催眠，活得不真實。兩眼遙望著西方淨土，對自己的身心需求盡量壓抑下去，一雙腳不肯老老實實地走過七情六欲的人間，總想找到一些「秘訣」能夠「撐竿跳」過去。於是生活中的種種事件，對他們而言，不是歷練，反都成了障礙，不是想繞過去，就想飛過去，不敢與它正面交鋒。殊不知，這個障礙原是前來度我們的生命之師，它的「俗氣」表相所反映的原是我們心中最深的需求。

　　宗教意識強烈的你，一掉入社會規範以外的親密關係，難免驚惶失措，不敢正視這份感情的真相。你一觸及心中的愛時，傳統的框架「好徒弟應該……」、「修行人應該……」立刻如天羅地網般地當頭罩下，使你無暇也不敢去探討心中這份愛究竟是怎麼一回事。大部分的精力都耗在「應不應該」、「能不能夠」的問題上，再加上一堆悔與恨，本來純潔的愛，已經被搞得面目全非了。

　　生命的本質是愛；沒有愛，我們無法生存下去。某些戒律能夠暫時壓制內心的慾望，然而，人心中無法滿全的愛，很快會形成「變種」，轉成宗教狂熱，或對師父的崇拜，或是嚴峻的守戒。於是，在大徹大悟以前，我們在修行道上看到的，常是一副嚴肅冷漠的面孔。

如今，你算幸運，愛神終於垂青於你了，它會開啟你朦朧的雙眼，重新認識一下相當陌生的那一部分自己，也重新了解一下，什麼才是你此生真正需要處理的問題。

這不是一條容易的路，但絕對是一條踏踏實實的修行路，沒有人能夠幫你做決定，但我們可以提供一些看法供你思考：

其一：接受「你戀愛了」這一事實，暫時撇開道德判斷，誠實面對「自己渴望愛」的真相（truth），Truth will set you free（真相會帶給你自由）。

其二：你也許剛踏入「愛的教室」，還算是個童生，抱著學徒的謙虛，把你的需求放在更大的「幸福」全景下，向生命的導師探問，此刻，我該如何選擇，才能顧全我們每一方的幸福？

現在，讓我再根據這兩點稍微發揮一下：

「你戀愛了」這一事實，究竟啟示給你什麼？不論對象是誰，什麼樣的關係，這個斬不斷、揮不去的經歷讓你看到一個事實：自命超脫的你，竟然也如此割捨不下愛情！你若能暫且放下道德判斷而面對這一實情，它會將你帶到一個極其陌生的內在世界，而不會老在「該怎麼應付他／她」的陷阱打轉。

　　這是生命的極大恩惠，而且不是你的專利。愛的導師可不管「你結婚沒有」或「他配得上你否」這些社會條件的。當我們小小的生命沈寂到死水邊緣時，它就會興風作浪，給我們一個起死回生的機會。

　　我的讀書會也曾討論過「婚外情」的問題，不論是離婚的、寡居的以及結婚二三十年的，竟然一致同意：結婚一段時間以後，讓我們的芳心再度怦怦跳的人，絕不會是那個快變成「老不死」的配偶！

　　如果幸運的話，我們會遇到一兩個讓我們再度心動的異性朋友，他（她）的出現，重燃起我們年輕的愛火，讓我們重溫當初與這「老不死」戀愛結婚時的激情。這一切都發生在「我」之內，對方只是一個「偶然」的觸媒而已。

　　原來，你真正要的是那個「愛」，而不是那個「人」。焦點一旦清晰，原本三角或四角的糾纏，頓時簡化成一個問題：「你要如何呵護這小小的愛情之火，讓它燃燒，卻不致釀成燎原之害？」

　　這就帶入了我所提出的第二個觀點。

　　當你看清了這是「你的」生命問題，那麼「她是有夫之婦」，「她很愛我」，「她不願意與我分手」這類藉口都無法立足了，你開始赤裸裸地面對一個選擇：「你需要愛，如

今愛已經來臨了，它出現的形式不是社會所能接受的，現在，你要接受？拒絕？還是改造？」

世上有誰能作出一個保證不錯的決定？你唯一的責任只能為此刻的你負責，為今天，為此刻，作出一個你所能作的最好的決定，就夠了。不必用「一失足成千古恨」來嚇唬自己，你沒有「千古」的本事。孫悟空再頑皮也跳不出如來佛的掌心，人類終將圓滿的，「結局已經註定」，那才是千古不易的真理。

不論你作何選擇，本身也不重要，（我們一生不知作過多少選擇，還不是事過境遷？）重要的是你對自己的身心狀態有了一個更新，也更誠實的了解。你可能會不顧一切地接收那不完美的形式，也可能懷著悔恨逃之夭夭，從此再也不敢信任愛了。但你也可能藉此因緣而學習如何將這試煉轉為上天的祝福。

因為愛的內涵只有一個，表達的形式卻有萬千，沒有恐懼與內疚的作祟，你會福自心生，想出許多創意的點子來呵護這一小小的愛苗的。而對方也比較容易進入那較高的意識頻率與你互動，作出比較成熟的選擇，你們的關係會偏差到哪兒去呢？

說到這兒，不妨給你一句「老人言」，這種邂逅通常都有「時限」的，當你愛的渴望得到一些滿足而想繼續向前走

時，對方若沒有相稱的領悟，與你同步，不論你多麼想要維繫這份情感，你們仍會漸行漸遠的。所以這只是人生的一課，不必當成生死的決定。

我並不是說，你們不會作出錯誤的決定，不會承受痛苦，但這不正是我們來世上的目的──學習作決定嗎？舊時代強調因果報應，新時代不否認因果，卻不強調報應。它說：「錯誤是為了修正，而非懲罰。」每一個新的選擇都有扭轉因果的能力，每一個錯誤雖然會帶來一時的苦楚，但也飽含了祝福，全看你「願意」從哪一個角度去看。

我的好友Jerry曾與我分享他的「外遇」經驗。幾年前，他在一個講習會中遇到了一位女士，他形容自己整個人的能量都被打開了，講習會結束以後，他們各奔前程，從此不曾見面。他常常想起這個女人，一想到她，身體上生出很強的衝動，渴望跟她在一起，這種感覺延續了一年多。他很誠實地說，他真的不敢保證下回遇到她，自己是否會出軌。如今他對那女人只有感激，因為她重新開啟了那被三四十年的婚姻折騰得奄奄一息的愛的能量，從此，他與別人的互動，較能進入了更深的感受層次。

在婚姻如兒戲的西方，我們讀書會裡不乏三進三出的老將，分享時，他們也有不少「老人言」的智慧。他們說，橫刀奪來的愛情不易維繫，因為它建立在一個「破壞性」的基

礎上，當初是「欺瞞」促成了這一結合，那麼「欺瞞」的陰影也會破壞這一結合的。當然，我絕無意說，外遇結合的婚姻不可能幸福，只是暗示：那需要很多很多讓人痛徹心扉的彌補工程。

我們若還在人間學習的話，就不可能要求自己「只准作出對的選擇」，我們只能為此刻的我負責，誠實地面對自己有限的身心狀態，作出最誠實的決定，其餘的，就不是我們所能控制的了。這就是「交託」。即使是深信因果報應的你，想一想，你已經盡力了，老天還能要求你什麼？

問題在於，「誠實」與「交託」好像都不是東方宗教很在行的功夫。他們在「一心向善」的自我期許之下，不容易誠實面對自己的陰影；在因果報應的信念下，沒有一個無條件愛我們的神為我們說情，故也缺乏「交託」的經驗。

在此，再為你介紹一下我的讀書會友Tom這個靈修老頑童，他說幾十年的《奇蹟課程》訓練，已經把他磨「乖」了，不再自作聰明地跟生活奮戰，麻煩一出現，他立刻認輸（接受），求助，然後交託，因此也有說不完的奇蹟經驗。他說，有一回他出差外地，不知他的前妻如何打聽出他的行蹤，突然打電話到他下榻的旅館，要與他重敘舊情。他一時不知道如何回拒，他的前妻立刻不由分說地驅車前來。他在旅館裡唯一能做的，就是清淨一下自己的意念，然後，誠實地

向聖靈說出他的意向：「我不願意傷害到任何一方」，然後
交託出去。沒想到一個小時之後，他接到前妻從修車廠打來
的電話，她的車子在路上拋錨了，當天無法修好，她只好爽
約了。

　　只要活在世上，就不可能不出狀況，不論那問題是出自
合法的配偶或是越界而來的冤家，一定有很深的理由，它存
心想要掀開我們一直努力埋藏的問題。我們心裡其實也明白
，那絕不是意外，只要我們不再找藉口、推責任，我們心裡
一定也有答案，只看我們準備好去面對沒有。

　　此刻由你心裡冒出的答案，也許不是最完美的答案，也
不是「一勞永逸」的解決辦法（世間哪有「一勞永逸」的方
案），但它會一步一步地引導你，誠實地走進問題，然後平
安地走出問題。

6

這年頭當老師真難

————————◆————————

問：我在一個小型補習班裡教書，誠心想做個盡責的好老師
，處處為學生著想，每看到學生無故遲到或是在考卷上亂寫
一通，就火冒三丈。不知「控制」與「放縱」的界限在哪裡
？難道要求他們準時上課是「無意義」的嗎？看他們吊兒郎
噹的態度，我也無法當作「無意義」而不生氣。我常用你的
話來提醒自己，但反省歸反省，面對學生時，仍有使不上力
的感覺，我好煩喔！

答：奇蹟學員開口閉口「無意義」，大事小事都拿它來擋，
有時會發現這個符咒好像不太靈驗。

　　別忘了，「我看到的一切，不具任何意義」，是〈學員
練習手冊〉的第1課，其餘364課都在為你解釋「無意義」
的意義，幫你領悟這一真理的內涵。它先用220課來修正你
思想上的障礙，要你每天「隨時」「就地」演練，一課一課
地幫你「排毒」，你才可能看見事情後面的真相，才會明白
眼前表相的「無意義」。後面的145課則是教你如何在「無

意義」的世界中活得「有意義」。

　　有些讀者用抽籤的方式來唸〈學員練習手冊〉，翻到哪一頁，就讀哪一頁，常有「茅塞頓開」之感，但感動不了多久，又掉回原來的情緒裡。由此可知，明白道理未必具有轉變的能力，因為每一課都需借助前幾課累積的經驗，才能發揮改變現狀的力道，但仍是「知其然而不知其所以然」，必須讀到後面幾課，才會豁然開朗。除非你平常老老實實地一課一課操練，積蓄你的內功，否則，事到臨頭，想隨手抓起書中的一句話當作擋箭牌，亂舞一把，不把自己的腳砸到才怪哩！

　　讓我們先撇開靈修理論不談，你目前的困擾其實是所有初為人師的挑戰。記得我第一年教書時，不也一樣？在教會學校裡陪公主讀書，每天的心情都像坐雲霄飛車似的。

　　補習班的孩子比正規學校的學生更難教，他們是台灣教育制度下典型的「受害者」，在學校裡上了一天呆板無聊的課，晚上還被逼到補習班繼續煎熬，而你不幸也加入了「迫害者」的行列，無暇顧及孩子的資質與興趣，幫望子成龍的父母壓榨童工。

　　你目前的挑戰是如何在不健康的教育制度下，達成健康的目標，套一句《奇蹟課程》的術語，就是如何在瘋狂失常（insane）的世界能神智清明地（sane）進行你的工作。這

小小補習班便成了你的道場，而那群「魔鬼與天使的混種」則是前來度你的人。

　　若要把職場當道場，首要之務即是不要犯了「層次混淆」的錯誤，《奇蹟課程》所關切的不是「如何做」（to do）的問題，終究來講，你教的成敗或學生的好壞，都是夢境一場，可說是「毫無意義」。你真正的課題是，在教學的過程中，你怎麼看待他們，怎麼活出自己（to be），那才是你來世一遭的「意義」。

　　可惜，人間的優先次序恰好相反，我們通常都認為先把事情「做」好以後，才有閒暇去顧慮怎麼活出自己來，殊不知，我們若還認不清自己的課題，是不可能教別人任何功課的，尤其是牽涉到「教育」的工作。於是，教學中的每一個步驟與每一個細節，你都得絞盡腦汁地反覆拿捏：該管多少？該放多少？何時該鼓勵？何時該警告？**你得勝時，學生委屈；學生得逞時，你生氣。師生很容易變得像在繩索的兩端拔河，形成另一種「權力鬥爭」的特殊關係。**

　　已經落在夢境中的我們，不可能只活在「終極境界」裡，你既然落入了教學的環境，就有責任深入了解這種夢境的遊戲規則，如何把這場遊戲玩得皆大歡喜，雙方都在「寬恕」中學到了自己的課題。

　　我猜想你求學時一定是個乖巧聽話又守規矩的學生吧！那種生活讓你感到充實快樂嗎？你對那一段青少年的生活可有任何遺憾或失落？也許，乖巧的你根本不敢去想這類問題。如今，媳婦熬成婆，決心當個負責、準時又有愛心的老師，設法把自己過去所承受的一套，套用在下一代身上，希望把學生調教得像你一樣，讓他們父母高興，讓你的老闆刮目相看，補習班才能運作下去。久而久之，你忘了自己投射在孩子身上的種種期待，他們一旦辜負了你的計畫，你可以打著「愛」的旗幟而氣得理直氣壯。

　　老師的成功好似繫於學生的成績單，老師的尊嚴全看學生聽話與否，有時我們也該捫心自問一下，究竟是學生在滿全老師的期待，還是老師在為學生奉獻？你心裡其實很明白，這些孩子在學校裡已經受夠了，到了補習班當然是不會輕易就範的；他們的挑戰會逼你去思考一下「好學生」的意義究竟是什麼，挖出你以前不曾或不敢面對的情緒。你「重修補課」的時候到了。

　　在教學的「夢境」裡，老師若真的關心學生的話，還是有你足夠發揮創意的空間的，你會四處請教，學習更多的技巧去答覆學生的不同需要。你可曾為不同智商、偏好以及能力的學生出過不同的考卷？給予不同的作業？給予不同的評分？美國的公立學校都能做到，為何台灣的小型補習班做不到？

　　學生在老師眼中豈是點名簿上的一個名字，或教室裡的一個人頭？你是否能在有限的形體與能力下看到一個掙扎的心靈？你可曾給那些不斷往上竄的軀體一些盡情奔跑喧笑的機會？

　　程度落後的學生在學校同一高標的考試制度之下，是永無翻身之地的，我們能否改變一下競爭的方式？讓昨天的他與今天的他競爭，而不與他人比較高下？你可相信，今天在你班上拿零分的人將來在社會或家庭中仍然有他的貢獻與成就？為他保留一些尊嚴吧，正規教育已經剝奪了他的尊嚴，你是他唯一的希望了。

　　不要期待《奇蹟課程》會幫你解決任何具體問題，它只是讓你看到兩種人生價值觀：大我的（聖靈的）是由人的本質與生命的終究目的來看待他；小我則是靠眼前的成敗而論英雄。大我在每一件事上都提醒你：「你絕不是為你認定的理由而生氣。」你很可能已把補習班的成敗、老師的形象與你個人的價值觀等都投射到學生身上，但話說回來，他們豈能為你的喜怒而負責？

　　Oooops，原來是這麼一回事，趕緊收回投射，寬恕自己吧！尤其是自己勞累不堪時，想辦法抽身，小憩一會兒。精神恢復以後，也許會福至心靈，想出一些奇招，找到一個兩全的辦法。其實，人各有命，再好的老師也無法解決學生的

問題，但是他們的問題一定會勾起你的問題，你唯一的責任就是由自己的情緒看到你已經作了一個錯誤的選擇，如果你平常練習得夠踏實的話，耳邊就會聽見一個溫柔的提醒：「老妹，再重新作個選擇吧！」

《奇蹟課程》會陪伴你一課一課地解開自己的心結的。你已經超越了「好學生」的階段，不要想由別人那裡尋找答案。心靈的問題不同於知識的問題，即使別人告訴你「正確的答案」，只要不是自己揣摩出來的，就沒有力量，抵制不了情緒發作的。就像答覆數學題目一樣，需要陳列出演算的程式才算數，光抄別人的答案，是不予以計分的。

《奇蹟課程》前五十課看起來稀鬆簡易，其實它蘊含了一切問題的解藥，你必須按照它的指示，平常就不斷地沙盤演練，挑戰來時，你才能用得上手。該好好做練習啦！你會成為一個快樂的人生學徒的。

7

孩子沈迷於電玩

問：我的孩子沈迷於「電玩」，荒廢學業，過著不見天日的日子，我怎麼可能把這事視為我自己的投射，任他墮落下去？

答：你當然應該先用你認為最好的方法，盡力挽回，設法拯救。一般心理學家通常會教你如何發揮同理心，好言相勸，曉以大義；他若還執迷不悟，則可使用一些非常手段，恫嚇或禁足。仍然無效的話，那麼你就得靜下心來，重新反省你們親子關係的問題了。

你的心靈旅程也就由此開始了。

電玩在親子關係中所扮演的角色，有一點兒像婚姻關係的第三者，若非這個婚姻已經產生了某一程度的裂縫（不論是明是暗），哪會有第三者插足的餘地？同樣的，當親子之間逐漸失去了信任與溝通時，任何東西都可能進來攪局，也許是不良玩伴，也許是迷幻藥；而沈迷電玩，只是青少年表達叛逆的一個現代版本罷了。它本身好似一種聲明：你多年

來一直灌輸給他的那一套價值觀對他已經毫無意義了，他在尋找或開創自己的人生樂趣。

在此以前，可能，你們的關係已經疏離了，可能，你家裡早已是「小鬼當家」，你只是不敢承認而已。

父母對孩子們最常說的一句話就是：「我是因為愛你才管你」，「我這樣做，都是為了你好」。我們很少去反省自己的「愛」中，夾雜了多少過去的滄桑、未圓的夢，以及想要操控他的憂患心態。難怪，孩子們在這種愛的羽翼下，開始坐立不安；你呵護得愈緊，他愈想奪門而出。

於是，電玩遊樂場收容了這些不知何往的浪子。

電玩能夠讓一個活蹦亂跳的孩子廢寢忘食地盯著電腦螢幕，文風不動地坐上五、六個小時，顯然地，**它能夠暫時滿足孩子的某種需求，那是你的愛或正規教育所忽略的。**學校裡大概沒有一堂課能夠讓他如此專心地「活在當下」，那些驚險刺激的遊戲安定了他浮躁的心，忘懷了少年維特的煩惱。你看看他，篤定地坐在電腦前，周圍沒有眾目睽睽的相逼，自己決定遊戲的種類，練習的時間，何時參戰，何時撤退。電玩給了他某一程度的主控權與成就感，這遠超過大學文憑或事業功名的空洞許諾。

當孩子已經到了玩物喪志的地步以後，作父母的，雖然痛心疾首，卻愛莫能助。你希望亡羊補牢，設法幫他打開正常的社交圈子，然而，你可曾培養他與人相處的技巧？別忘了，年輕人的圈子一樣是弱肉強食的叢林。你希望他能多多參與家人的互動，憑良心講，你們家人聚在一起時，通常談些什麼呢？除了一堆耳提面命以外，豈能像電玩一樣刺激他的想像，激發他的鬥志，給他一個自我表達而不必擔心被批判、被糾正的自由空間？

於是，你突然發現，他想要的東西連你自己都沒有，你年輕時也是懷著類似的不被了解、不被尊重的挫折而長大的。只是不知何時開始，你學會用責任來填滿這個空虛，如今你也想依法炮製，用學業、用榮耀來填滿他的空虛。

不僅如此，你還像你的父母一樣，把一生的希望與意義都投射在這個懵懵懂懂的孩子身上，他的一言一行隨時牽動著你的神經，他打開電腦的一個舉動，便能將你一整天的心情打到谷底！你究竟是何時失落了自己的？難怪你的愛顯得如此蒼白無力。

每個人來到世上，都有獨特的課程要修，你自己即使做了一輩子「正經事」，也未必活得很快樂，那麼你又怎能為他決定他的幸福呢？如果他這一生必需要經過某些磨難，就算你此刻阻擋成功，很可能只是拖延它發生的時間而已，該

來的，遲早會來的。

　　你真正能做的，只是藉著這一挑戰，重新認識自己，調整你愛的方式，接納自己的限度，也尊重他的選擇。你不再一味想灌輸他你心目中「對的」或「好的」的答案了，開始靜下心來，聆聽這顆年輕而迷惘的心，究竟要什麼。即使你難以認同他的選擇，但在聆聽與溝通後，你試著尊重他的決定，同時也敢要求他尊重你所能接受的限度，重申你「治家」的主權。

　　我們總以為孩子是我們的責任，其實，人各有命，孩子的命運並不掌握在我們的手裡。搞不好，他是來開導我們的老師，教我們如何去愛。我們這群也曾年輕過的父母，不都是被兒女逼成熟的？

　　回顧自己的一生，我們不也作過許多荒唐的選擇，最後還不是走過來了？那麼，也鼓起一點兒勇氣，相信他也可能走過錯誤而找到他的路的。此時此刻，你能為他做的，就是活得充實而幸福給他看，給他所需要的成長空間，但保持在一定距離內，讓他隨時一轉身，都能看到你平靜而慈愛的身影。

　　《奇蹟課程》不會擔心你的兒女成不成大器，它掛心的是你，你能否藉著親子的特殊關係而學到自己這一生該學的課程。你若能找到自己的路，他不會離你太遠的。

如何幫助智障女兒？

問：我有一個智障的女兒，我不知道該如何幫她，也不知道為什麼會發生這種事情，你能幫我了解這事的意義嗎？

答：你問的角度很對，了解這件事情的意義遠比解決她的問題更重要。因為你後來會明白，問題可能不在於她，而在於我們這一群自認為「正常」的人。

小我的世界早已制訂了一套運作的法則，絕大部分誕生於娑婆世界的人，都接受了身體的形式、成長的過程以及某種社會規範。有了這一約定俗成的人生藍圖以後，我們才能不加思索地應付得得心應手。

然而，偏偏有些生命不按牌理出牌，不遵守這一協定，到了入學年齡還不會繫鞋帶，無法表達自己的意願，於是，我們便在他身上貼一個「殘障」的標籤，把他們剔除於「正常」界線之外，另案處理，自己才能安心去過「正常」的日子。

在文化落後的地區，由於資源缺乏，人們把殘障的孩子丟到野外，或關在後院裡。至於福利制度比較健全的先進國家，則為殘障人士設立種種特殊教育，設法把這群「異類」調教到能夠達到正規社會的最低要求。基本心態其實一樣，我們將他們的不同視為一種錯誤，必須加以修正。我們無法接納那可能也是一種生存模式，因為那樣的話，整個人間遊戲規則以及價值體系就得改寫了。

我們大部分人都不願意拓展原有的「系統設定」，寧願把那些「異類」列為不正常（disorder），這樣，我們就不必為自己封閉的生存體系而感到內疚，理所當然地把內疚投射到這群「不正常」的人身上，而且要讓他們知道自己確是家人與社會的累贅。

其實，天才與智障都屬於不正常現象，只不過天才合乎世界肯定的價值，成了「美麗的錯誤」，智障則成了「醜陋的錯誤」；而自閉症恰好夾在中間，他究竟算是殘障還是天才，全看他顯示的某些稟賦能否納入社會的價值體系而定。

我記得幾年前讀到一則新聞，美國的聽障協會內部起了激辯，「耳聾是否屬於殘障？」有些聾人主張，雖然他們聽不到聲音，卻銳化了其他的接收能力，手語與唇語的溝通方式，並不亞於言語的溝通。他們之所以被視為殘障，只因為所謂的「正常人」寧願學習俄文或西班牙語，卻不願學習手

語，不願接受手語也是一種語言，用手語溝通也可以成為一種生活方式。

當近代醫學進步到足以恢復人的聽覺時，仍有一批聾人會大聲反問：「為什麼一定要用耳朵去聽？」這一反問，頓時驚醒了仍想安逸地活在現有人生模式的人，當這些「不正常」的現象向我們挑釁時，我們便試著把他們關在衣櫥裡，鎖在牢籠裡，如果威脅到我們的安危，我們乾脆訂一條法律，把他們一槍給「斃」了，豈不省事？

這一切，不是因為我們邪惡，只因人間現有的運作系統一旦把這些異類定位為「不正常」以後，就不知道拿他們怎麼辦了！試想一下，小貓有過貓日子的方式，小狗有過狗日子的方式，人們從不要求自己的寵物學習自力更生，不也心甘情願地伺候牠們一輩子？只因西方社會已經發展出一系列照顧貓狗的運作體系了。我們至今尚未摸索出一套照顧這些所謂的「智障」人士的途徑而已。

你既然已經步上了靈修之道，不妨試著跨出世界對你女兒的界定，由更高的生命層次去了解她的生命意義。你的女兒選擇了這種生存方式，尊重她的選擇吧！今生的因緣顯示了你們必有類似的課程要學，請記住，她不是世界的受害者，你也不是她的受害者，你不必為她的困境而內疚，而她也無須對你抱歉一生。讓她安心去學自己的人生課程，你在陪

伴她之時，便會看到你的人生課程也同時完成了。

　　說實話，這些身形或智能有所「殘缺」的人，心思通常比我們正常人要敏感、柔軟得多，他們對愛的體會或表達也更單純、更直接。他們的心靈境界可能更高於我們「正常」的人，正常人的愛早已被社會調教得詭異而複雜，他們的出現，給了我們一個機會學習那種超越「條件」的愛。

　　你只需像「正常」的父母那樣，提供一個適合她學習的環境，因著她的特殊需求，你可能得多費一些心思，在一般教育體系以外，尋求其他的福利資源。最重要的是，讓她知道自己的「不同」並非「殘障」，只因她需要學的課程與眾不同，所以在這僵化的社會體系下，她會走得比較辛苦，但你不必為她的人生負責。只要你能接受這一現實，你的陪伴便不會成為一種懲罰或還債，反而充滿了祝福。

9

少年兒難管教

———————◆———————

問：我兒子今年十二歲，已相當早熟。他負面情緒多，不相信任何人，說話咄咄逼人，有一、二個同學對他好，可是他常常懷疑人家在背後整他，用盡各種方法試探，我就告訴他：「不設防就是最好的保障。」他反對，說要把自己包裹成銅牆鐵壁，任何人都不可能探到他的秘密和隱私。我想這應該與我們突然離婚有關，他沒有安全感。他攻擊性很強，我和我母親都受不了，我知道攻擊的背後是愛的呼求，我常常拼命念課程中的句子安慰自己和母親。比如：「當你怒火中燒時，你該明白頭上懸著一把劍，是落下還是挪開，端看你的選擇；他是來修煉我的，寬恕吧，你對這事就會有不同的看法！」可是他的問題如此之大，如今又迷上電腦遊戲，每個週五週六都熬夜，我擔心他的身體，還有他天天洗澡換衣服，但對刷牙和洗手洗臉非常抗拒，按我的理解，我該順其自然，可是我最近仍然被他氣得火冒三丈，我慨歎：修《奇蹟課程》應該沒火氣，但我作不到。

答：你的問題可說道出了中國這一代父母的「心聲」，更好說是「心痛」了。我真希望自己手中有一根「奇蹟棒」，一揮就能讓你的愛子改頭換面，或是為你指出《奇蹟課程》某一頁專治「頑兒」的秘訣。這不正是我們修行下面所隱藏的心願嗎？希望自己的努力，能換回家人的平安與事業的平順。

然而，《奇蹟課程》卻不玩這種遊戲的，它根本不認為你兒子有問題，或家庭有問題；外表「看起來」很嚴重的問題，全是有意遮掩你真正問題的障眼法而已。它說，人生只有一個問題，它就隱藏在你心裡，整部課程都是針對「你」而寫的，因為在它的眼底，世界並不存在，你的兒子也不存在！

不要被這聽起來挺荒誕的說法嚇倒了，你只需誠實地想一下：你兒子是否只會在你與令堂面前使壞？他在其他同學的眼中也許還挺「酷」的呢！他若喜歡上鄰座的小女生，可能乖得像個龜孫子。每個人都會在不同的場合演出不同的角色，哪一個才是真正的他？都不是。

他的表現乃是配合別人的劇本而做的「即興演出」。因此《奇蹟課程》才要你試著看清，在你面前這頑劣不遜的渾小子其實並不存在，他只是你心中某一種自我形象的倒影而已。

　　會出現在我們的生命中，且結為親子或夫妻關係的人，絕非偶然，必有「共修」的課程。換句話說，他會特別在你身上看到你還不想面對的自我陰影，你也同樣會在他身上看到自己壓在潛意識裡的東西。但是小我決心不去揭發問題的真相，所以在我們的視覺上動了手腳，用投射的手法，把問題全都移到外面去了。把你的問題轉成他的問題，你這一生好似純為了解決「他」的問題而來的。

　　當你初修《奇蹟課程》時，很容易被書中的「肯定語」所感動，覺得人間處處有溫情；等到身邊的親人開始向我們挑戰時，我們才會發現《奇蹟課程》的「狠」處，它教我們的方法，徹底顛覆了天經地義的親子關係，要我們看出，問題在於自己，而非別人。所以我常說，《奇蹟課程》不是靈修入門之書，因為它一刀劃破你心目中的「現實」，把真相緊貼在我們的眼前，沒有一點修行的基礎，是消受不了的。

　　我並不反對父母先試一試傳統的教育方式：「曉以大義」、「動之以情」、「軟禁」、「扣零用錢」，或是送到「魔鬼訓練營」去改造一下。雖然，你明知自己的說說罵罵，只會讓兒子變本加厲，但你至少可以安心地對自己說「我盡力了」，其實，你只是將孩子推得愈遠而已。等我們用盡人間法寶，親子關係卻不見改善時，你才可能心甘情願去練《奇蹟課程》的「另類辦法」，試著把親子關係當作「修練自己」的機會。

　　偶爾，你還是會忍不住威脅利誘，想讓兒女「就範」，這也沒什麼大不了，天下父母心嘛！但也許有幾次，你記起了奇蹟原則，不再用「反彈」的方式與他的挑釁共舞，這一點清明的空間會為你們的關係帶來了轉機。

　　在這短短的清明一刻，你心裡其實很忙的，內心「愛莫能助」的痛苦，會把你前半生的擔憂、失望、不滿、受害等等情緒全部勾出來。此刻，你面臨一個抉擇：你要聆聽「小我的憂患意識」，拼個你死我活，也要設法轉變他的行為；還是聆聽「聖靈的詮釋」，看清自己是如何將過去的不幸以及未來的擔憂投射在這個根本不知有明天的渾小子身上，看清自己是如何藉著改善兒女的生活來修補自己不圓滿的一生的。

　　你必須有勇氣面對自己潛意識的私心，《奇蹟課程》才可能發揮效力。

> 你也許會感到奇怪，為什麼正視自己的瞋恨心，且明白它的全面影響是如此的重要。你也許會這樣想，何不讓聖靈逕自顯示給你，不等你本人覺察其事就予以驅除，不是更省事嗎？但是，你在救贖與自己之間還設置了另一個障礙。你任它隱藏起來，只因你更害怕它下面所覆蓋的東西。
>
> （T-13.III.1:1~3;1:8）

〈學員練習手冊〉每一課都在提醒你自身的完美，他人的虛幻；它說，你只是想錯了，以為自己那麼脆弱無助，才會去操別人的心；它又告訴你，現在是你扭轉的機會，你只需寬恕自己的錯誤想法，試著在那渾小子身上看出他的天命，聆聽他的心聲，不再用你過去的經驗去評估他的現況；它還會輕輕地向你保證，你若能放下內心的恐懼，你便會看清如何用「他的」方式去愛他。

這是《奇蹟課程》給那「唯一問題」的「唯一答覆」。凡是會來到娑婆世界的人，都是有問題之人，不論這問題是出現在配偶身上或是兒女身上，都可能轉為解決自己生命問題的關鍵。

因為你周遭的一切都是根據你原有的老劇本而演出的戲碼，你的劇本一旦徹底改寫，外界形形色色的問題與人事不可能不隨之調整的。這就是奇蹟。然而，千萬要記住，奇蹟的形式與結果都不是你掌控得了的，他「何時改變」或「如何改變」，乃是聖靈與他的事情。我只能保證一點，當你內心的陰影逐漸化解之後，你兒子的小我不需要暗中與你的小我較勁時，他會比較容易作出正確的決定。

當你偶爾忍不住想要控制他時，不妨這樣想吧！世間多少人毀掉自己的生命，每個時代又出現多少個希特勒，連上帝都管不了他們，**你何苦要派給自己一個連上帝都做不到的任務？**

　　至此，我還得提醒你對《奇蹟課程》的一些錯誤印象。《奇蹟課程》絕不期待你「不生氣」或「表現得多麼有修養」。這種形象層面的表現，只是為小我擺門面而已。它只要求你「對自己誠實」，憤怒時，承認自己憤怒，然後寬恕，憤怒便會化解一點；恐懼時，承認自己恐懼，然後寬恕，恐懼便會降低一點，這才算是修到「家」了。如果我們忙著保持美好的「修行形象」，而把好不容易浮現出來的憤怒及恐懼再度壓抑下去，或是用「頭上懸一把劍」來嚇唬自己，那麼，潛意識裡埋藏的情緒要等到哪一輩子才有翻身或轉化的機會？

　　而且，小我不會輕易讓你接受《奇蹟課程》說你是完美的這類觀念的，它會找盡機會，幫你招來一堆冤家來證明「你真的不好」，所以你一定要特別留意小我最喜歡跟你玩的「自責」遊戲。當父母指正孩子時，即使義正詞嚴，心裡仍然不免深深地自責：「我究竟造了什麼孽，會有這樣的兒子！」或是「我究竟做錯了什麼，會把兒子養成這副德行！」於是，你很容易從過去找出自己的錯誤，而自責不已。其實，人各有命，正常家庭一樣會出逆子的。親子之間的影響絕非單向，他會做你的兒子，必有透過你而修的課程，你不必為他操心，更無法替他負責，只管信賴「上天好生之德」，繼續跟著〈學員練習手冊〉的365課，逐步釋放內心壓抑的情緒，予以寬恕，這才是你真正愛家人的表現。

　　希望你別誤解，我並非勸你，從此不管兒子的死活，我只是提醒你，管教時，不要受表相所惑，留意自己心裡的投射。孩子生在你家裡，你不可能不管，只是心裡明白，「是你需要說」，而不是「他需要聽」（你心裡有數，你講破了嘴，他也不會聽的）。你若慢慢看出自己的擔心才是問題，那麼，你的訓話裡，可能就不再是「『你』該如何如何」，而會改用「我」為主詞了：「我看到你這樣熬夜，心裡止不住的擔心，你能否為了讓我們安心睡覺，讓我們做個協議如何？」至於他答應幾點去睡，仍不是你能控制的，但至少你說出了自己的擔憂，沒有把自己的擔心投射成他的問題，降低了你們之間進一步的傷害。

　　還有一點，請記住，千萬不要用《奇蹟課程》的話來「砸」別人。心理學家提醒我們，人類需要先建立穩定的自我（ego），將來才可能超越自我。十二歲的孩子，還在忙著建立自我，你若用「破除小我」的《奇蹟課程》指導他，對於正在尋找「自我認同」的青少年，可能有害而無益。

　　何況，愛或平安的訊息，不是靠語言來傳達的，它是靠「身教」。人的心靈是相通的，即使是嬰兒，也能夠接受到你內心的訊息。例如，你若想要改變兒子的猜忌或防衛心態，無法靠「辯論」，而是靠你自己活出「不設防就是最好的保障」。也許剛開始時，他還會嫌你：「我的老爹真夠笨的

，老吃人虧！」慢慢地，他會領悟到：「我的老爹怎麼笨得這麼開心？他的運氣怎麼這麼好，老有一堆朋友在旁幫忙！」當他為自己的人生態度吃盡苦頭以後，你的表範便成了他最好的抉擇了。

《奇蹟課程》的寬恕，常被人誤解為「壓抑憤怒」、「原諒別人的錯誤」，其實它真正的意義，是透過別人錯誤的表相而寬恕自己。寬恕的道理，我已經在網站上面談得很多了，不在此重複。只祝福你們，希望那個渾小子能夠早日造就出一個「寬恕大師」的老爹出來。

＊

續答：（昨天清理伊媚兒，竟然在信箱的最底下翻出你去年九月底寄來的信件，我以為自己因在「奇蹟之旅」的途中，忘了覆信，趕緊致歉，做一答覆。答覆完了以後，才發現原來已經答覆過了，真是烏龍！既然已經寫了，答覆的角度有些不同，就再發表一次吧）

雖然已經事隔半年，但你所面臨的親子問題仍是每個父母之痛，不僅古今皆然，而且中外皆然。所以你的問題是永遠不會過時的。

　　《奇蹟課程》告訴我們，這些天天在我們眼前演出的戲劇，其實與演員本有的心態無關，他們只是為我們演出自己心裡壓抑下去的恐懼及內疚而已。但小我想盡辦法不讓我們看清這個真相，世俗的媒體也不斷為我們洗腦：「我的孩子出了問題，我有責任為他解決。」這種心態反映出親子觀念的兩個「迷思」（myth）：你的兒子是你生命的一部分，你有能力改變兒子的一生；以及，只要你一直苦口婆心地勸下去，他就有回心轉意的一天。

　　如今，你動筆寫信求助，表示這兩個myth都行不通了，於是你使出第三招，《奇蹟課程》的「寬恕」，結果可能更糟，不僅沒有感化孩子，反而加深了自己的自責與無力感。

　　其實，你把寬恕懂錯了。可還記得，我在研習會中反覆說的一句話：**寬恕乃是原諒別人「沒有做出」你卻「認定他做了」的事情**。如果你已經認定他是個「不愛乾淨、沈迷電腦、心態負面」的孩子，再想寬恕時，可就難了。這正是所謂的「先定罪，再寬恕」的假寬恕。何況你又把他故意在你面前演給你看的戲當真，不能不處理時，再用「頭上懸一把劍」，來壓制自己的怒火，那裡壓得下去呢？

　　但是，只要你還繼續操練〈學員練習手冊〉，你遲早會豁然開朗的。通常第一年練習時，會停留在「竟然還有這種說法！」的感嘆中，還不容易在現實問題上使出力來。所以

，我在此提出幾點供你參考。

當你在操練〈練習手冊〉時，必須先抓緊幾個基本理念：

第一，你所經歷到的一切外在人物及事件，只是為你演出你潛意識裡還不敢面對的自我評價與人生信念而已。

第二，你這一生的唯一責任，不是把父母照顧好，把兒女管教好，而是先把自己「活」好。

第三，只要你能把自己「活好」，你周遭的一切自然會因著你內心的變化而開始轉變（即使未必立刻看出外在的結果）。

這些原則聽起來挺抽象的，若套用在你目前的困境上，卻可能產生相當具體的效果。我在此，只能根據上面三個基本理念而提出幾個下手之處：

第一，你兒子的自衛反應以及負面心態，和你當前對他的保護措施與負面評價是否正在前後呼應？你若能認清他對世界的不信任及憤怒，其實只是反映出你心裡對世界的擔心與防衛（因為，投射最容易反映在最親的人身上），那麼，該修的，究竟是問題的本源，還是問題的倒影？

第二，他活得渾沌不安，是否給了你一個機會看到自己的一切努力之下所隱藏的「不安」感覺？不論你自己修持得

多麼嚴謹，很可能只是把問題「壓」下去了。你看到沒有？
你兒子的糊塗表現，很快就勾起了你的內疚及自責，認為「
應該是與我們突然離婚有關」，其實，每一個人都在人間找
藉口發洩內在的無名之火，即使你不離婚，他也未必表現得
更好。**你的眼光若停留在「他」以及「問題」上，不只加深
了自己的內疚，對他也已構成一種攻擊。**

　　你若能反過身來學習尊重「他有受苦的權利」，也信任
「他會走出自己的路」（即使不符合你的期待），你其實是
在鍛鍊自己去看「你始終覺得不夠好的自己，其實也沒有什
麼問題的」。

　　當你活得愈來愈自在，不再為表面的問題擔憂，懂得欣
賞問題後面的無限轉機，對人自然產生悲憫之情，那麼你已
經給了你的兒子一個「天大的禮物」了。即使你一句話不說
，你所活出的生命高貴的一面，就像一位天使，隨時在他眼
前「演」給他看：「兒子啊，不必活得那麼辛苦，你可以活
得像老爸那樣心安理得。」這是多麼偉大的禮物啊！當你不
再為他的人生負責，只需為自己每一天的每個決定負責時，
你身為人父的擔子多麼輕鬆啊！

　　第三，當你透過〈練習手冊〉，逐漸釋放了潛意識中對
自己的否定及懲罰傾向，逐漸活出了生命本有的尊嚴時，你
放心，這些天賦的生命本質，具有無限的「神」力，絕不會

滯留於你內，它們會像光明一樣，不自覺地由你身上照射出去。還記得「我的神聖本質籠罩了一切」這一課？**你不用為自己的親人擔憂了，因為在你身邊的人，都成了最有福氣的人。**

10

如何面對空巢期？

————————◆————————

問：近日以來，我常被即將「空巢」所困，雖然這是人生的必然過程，但我們難以控制自己的感情，我和我的先生都有些被「拋棄」的感覺，「空巢」是實相，並不是我們的幻覺，年輕時勞勞碌碌，辛勤地工作，為孩子為自己甚至為上一代提供較好的生活環境，如今上一代已逝去了，最年幼的孩子又說要搬離，我倆老無語相對，只有苦澀。

答：由你所說的，「空巢是實相，並非幻覺」，表示你可能還不了解《奇蹟課程》的觀點，把現實與實相混為一談了。空巢的現象是徹徹底底的幻覺，因為孩子離家，對你來講是空巢，對其他人來講，可能會如釋重負，總算可以過自己的日子了。所以在空巢期裡，我們面對的不是「巢空」的問題，而是「心空」的問題。

空巢期是許多家庭必經的挑戰，我相信你也由各種媒體與書籍中聽過不少「應變」的辦法，例如：培養自己的嗜好，參加教會或社團活動，追尋年輕時沒有實現的夢想等等。

然而，這只是找一些事情來填塞突然多出的時間，彌補心中的空虛而已，並非徹底的解決之道。

這個「冰凍三尺，非一日之寒」的問題，不是三言兩語可以答覆的。《奇蹟課程》也從不給「貼膏藥」式的安撫辦法，它讓我們看出，人生的問題不論是離婚、喪子、絕症或空巢，都是同一個問題，它只會穿透各種不同的現象與藉口，為我們挖出人生的基本困境。我們若真心「願意」看清問題的癥結，便知道去哪裡配藥了。

親子關係與人間所有的親密關係一樣，都是小我存心迴避自己的生命問題而建立的錯綜複雜的親情之網。歐美家庭最大的挑戰常是夫妻關係，而中國家庭很早就放棄了夫妻關係的培養，整個注意力都轉向兒女身上，於是，兒女成了家庭的重心、婚姻的聯繫。

為人之父，會找一堆事情去忙，以事業為藉口；為人之母的則會生一堆人來忙，以家庭為藉口。如此，**大家都「忙」得天經地義，理直氣壯，也「苦」得天經地義，「怨」得理直氣壯**。忙到頭來，仍然感到空虛，夜闌人靜時，難免會懷疑自己的犧牲是否值得。殊不知，這一切其實都是自己的選擇，是我們自己決定要採取這一種形式去活這一生的。

在國外長大的亞裔孩子，常不堪父母「緊迫盯人」的愛，會對父母大吼說：「是你要生我的，我又沒有要你生，

Get a life！」這些話常使父母傷心欲絕。其實他們說的一點也沒有錯，我們在教條或倫理的洗腦下，失落了個體的價值與尊嚴，離開了兒女，便看不出自己生命的意義，不得不借用兒女的成就來彌補自己的空虛，想繼續搭他們的生命便車。這對新一代而言，可以說是相當沈重的心理負擔。

佛教有一句話說，「人身難得」，能夠活在世上，是極其可貴的恩賜，目的是要我們透過人間的種種經驗來認識自己的生命，慶祝這偉大的生命。然而，我們所活的形式正好相反，不斷為外在的事情或人物來「消耗」自己的生命，以倫常美德為藉口，讓自己犧牲下去，也期待兒女以「犧牲」來回報。

我常勸慰朋友，要活得痛快，一定得修行。修行不是為了去天堂或涅槃，而是充充實實地活出自己。每一個人的生命原是神聖而豐富的，唯有先活出自己，別人才能分享到我們內在的富裕。如果我們執意不修，而想用事業或兒女為藉口「混下去」的話，生命一定會反過身來「修理」我們的。

我們若投身於事業，縱使一帆風順，也有退休的時刻，所有的豐功偉業都成過眼雲煙；我們若獻身於家庭，再恩愛的夫妻也有生死離別，再孝順的兒女也需離開父母建立自己的家庭，迫使我們重新面對一直躲在事業與家庭下面那個孤獨空虛的自己。

　　也許你會感到我的話如此無情，好似有意推翻人類天經地義的倫常美德，其實我只要舉一個極端的例子，你就不難看出人間的親情與愛情下面的陰影了。當前美國黑人社會中最嚴重的問題，除了嗑藥以外，便是少女生子（teenager pregnancy）。這些出自破碎家庭的未婚少女，在懷孕期間仍有選擇的餘地，但許多人決定把孩子生下來，除了社會補助金的誘惑以外，還有更深的心理因素。她們感到孤獨寂寞，在自己的生命裡看不到任何意義，她們渴望愛與被愛，需要一個「屬於」她們的人，她們期待「新生兒」能帶給她們無望的生活一些「希望」。

　　於是，當一群一群新生命來臨時，母親原有的問題依然存在，在經濟、心理上都無法負起撫育的責任，於是，祖父母、社會與國家都忙碌起來了，面對這一棘手的問題，該不該給予經濟補助？如何讓撒種的父親負起責任？如何鼓勵祖父母來協助？一切都在亡羊補牢，卻很少人去探討問題的根源。不可否認的，有些少女真的被逼得「快速」成熟，擔起為人之母的責任；然而失敗的例子，絕不在少數。

　　空巢期與人生其他挑戰一樣，都是生命之主手中一根仁慈的鞭子，輕輕提醒我們：我們又活得「顛倒」了。國家、社會、兒女與事業並不是人生的目的，它們只是幫我們了解人生，給我們一個學習在給予中領受、在付出中成長的機會。透過親密的關係，我們才能看到自己最深的擔憂以及種種

限度，然後試著寬恕兒女，同時也釋放了自己。

換句話說，兒女們是「為促進我們的成熟而來的」，他們把我們童年的純真與遺忘的夢想重演一遍給我們看。可是，身為父母的，往往忙著「教育」或「改造」他們，忙著犧牲自己，卻忘了拾回自己的理想，忘了跟孩子一起成長，更看不見他們所帶給我們的禮物。以至於等到這一段因緣告一段落時，難免會生出「落空」與「被棄」的感覺，**因為我們只記得付出，而忘了他們曾把我們原本空虛的人生變得何其豐富。**

兒女離家時，可說是生命之主撤去了為人父母者迴避自己生命問題的最後一個藉口，生命意義的課題立刻尖銳而無情地逼到眼前。很多人會趕緊轉向，忙著作義工、環遊世界、翻開小學紀念冊，把兒時的同伴重新召集起來……。這一切仍然抵不住空虛的，不論我們抓什麼來彌補，到頭都會離開我們，於是我們又面對了那個老問題：活著究竟是為了什麼？

我們的生命只配作兒女的踏腳板嗎？除了為人之妻或為人父母以外，我們究竟是誰？我可曾探測過自己的潛能與極限？當我離開這個世界時，生命之主可能根本不在意我曾做過經理或養過幾個孩子，祂會問，你自己的心靈呢？你是怎麼活出我賜給你的生命的？

兒女們無奈的吼聲：Get a life！可能是他們所能給我們的最大禮物了。他們離家之後，生命之主把生活重新交還到我們手中，並且問我們：現在，你要怎麼活？

11

為什麼經手的事情老出狀況？

M君問：前一陣子被許多突發狀況纏身，我納悶著，這些事應該很單純的，怎麼一到我手上就變複雜了？因而覺察到自己一個潛藏信念：「解決問題能帶給我價值感。我決心改掉這個模式。」但近來發現這模式仍跟著我，原本單純得很的事，卻有一堆狀況發生，搞得我很心煩。我明知問題所在，也很誠實地設法面對，怎麼還會陷在同樣的模式中呢？我漏看了什麼嗎？請你協助我。

T君答：你觀察得沒錯，喜歡解決問題的這種心態勢必吸引更多問題讓你去解決。不過，仍有另一種觀點可以看待此信念。它背後還有一個信念，那就是你沒辦法信任自己可以作出好的決定。解決問題是小我用來證明自身價值的方式，它總想盡辦法不讓事情進行得順利，即使是一個好的選擇。

　　針對這個困境，我會建議你：

　　1）你得認清，「所有」小我的決定多多少少都有缺失，因此你根本不用擔心自己該不該或是能不能信任自己這個問題。

2）這一路上我們一直在學習讓聖靈來作選擇。因此，此刻正是你絕佳的學習機會，認清到底「誰」才是我們真正可以信任的。

其實，你最根本的問題（也是我們所有人的問題）就是：我們總懷疑自己不被愛。若要徹底解決，只能靠你願意與自性（聖靈）連結的願心，那樣，你會很快感受到上主的愛，才可能滌除你所有的疑慮。別再擔心了，因為擔心只會使事情變得更大、更複雜而已。你此刻面臨的，其實是個絕佳機會，讓你學習我們所有人最終都要學會的事。

（以下是若水與M君針對T君的回答而進行的一番對話）

若水：你上回提到的工作上的糾葛，還提出一些解決方案，我都沒有答覆，因為，你的方案不外乎在「果」的層次上的一些情緒反應而已，那種建議幾乎沒有在「因」的層次上留出一點探索的空間。我知道如果我繼續追殺下去，硬闖你那半掩的「因地」之門，不論我動機多好，仍是一種侵犯，所以把這燙手山芋丟給那位不明就裡的T，讓他去回答。

M君：感謝你的雞婆，再次請T捉刀，為我解疑，指出了癥結。說實話，這答覆跟他去年給我的指點大同小異，看樣子，他已經「好話」說盡，我卻還陷在老問題裡，他也沒轍了。哈！哈！

若水：小我的抵制花招很多，外表上，我們虛心就教，當別人點出癥結時，我們即刻搬出「我知道，我知道，你上回說過了」作為擋箭牌。

小我確實知道問題所在，因為這一切都是它隻手遮天的把戲，它鼓動我們四處請教，其實只是虛晃一招而已。我們跟小我交鋒時，應該留意的不是前線的陣勢，而是後面的埋伏。

你自我解嘲說，T君指出了癥結，與前次的指點大同小異，這暗示了兩種可能性：一是他的答覆無效，二是你沒有付諸實踐或不知道如何下手。既然你承認他說到了癥結，就不能說它沒效；那麼，除了用「哈哈」兩聲自我解嘲之外，我們這回最好在第二種可能性上下一點功夫，如何？

M君：每回跟你談事情，都會提心吊膽的，好像什麼把戲都逃不過你的眼睛，即使你一邊鼓勵，甚至讚美，我仍感到裡面有一把刀直接刺到我的小我心臟。

若水：嗯……我的回覆通常沒有T那麼慈悲，常耐不住性子信口開河。

M君：對啊，依小我的立場，這樣說它，當然不慈悲。它當然會委屈，它可是一路帶著我衝鋒陷陣直到現在的袍澤，你竟毫不客氣地用照妖鏡照它，讓它難堪，它怎麼可能會舒服？

不過，說實話，我想也是時候了，我該跟小我說聲抱歉，我想換人做主了，謝謝它，辛苦了。

若水：我得聲明一下，我的諫言未必正確，但我的讚美絕非虛誇。

我發現你們這一群年輕朋友，向道心強烈，問題卻層出不窮。有些人（包括你們自己在內）可能認為是宿世的業障，在我的眼中，正好相反。你們這一群都是累世修行的「再來人」，年紀輕輕卻道心堅定，理念上也是一點就通，很可能到了這一世，福德具足、因緣具足，深埋在潛意識裡的七識八識種子，傾巢而出，且來勢洶洶；反而是我們這群好夢方酣的人，會在旁邊指指點點地看笑話。

幸運的是，我們都遇上了《奇蹟課程》這位善知識，傳出一套四兩撥千金的秘訣，教我們如何拆解小我的招數。但也別小看了小我，它可是經過千錘百鍊，不是省油的燈，很知道怎麼反過來跟聖靈虛與委蛇。

我發覺，你對小我的招數雖然瞭如指掌，卻仍停留在「分析」與「批判」的層次。危機臨頭時，這些洞見似乎發生不了作用，一下就被小我的情緒拉過去了。還會找出一些似是而非的證據為小我的決定辯護，那一刻，聖靈似乎連插話的餘地都沒有。

　　我又看到，因著你過去的修持，你很快就恢復了清明，作出一番總檢討，毫不留情地批判小我的錯誤，還能謙虛地向朋友道歉認罪，這種修養可說是難能可貴。只是，我希望這一艱辛的扭轉過程不致重複太久，因為，它會逐漸侵蝕了上主之子的自信。每道歉一次，你的信心便萎縮一次，愈害怕犯錯，愈容易犯錯，內疚與自責會鞏固了我們的天人分裂感，自性與天堂在你心中會顯得遙不可及。

M君：讀了你的答覆，好像又中了一箭。很想大聲辯白，也很想罵人。所以不敢覆信，給聖靈一個機會，看祂會怎麼說。

　　沒隔幾天，突然看到：是誰感到委屈？是誰想生氣？是誰在挫折？我們不是想讓小我現形嗎？為何現形後是如此不堪？喔，我就是認同那個小我是我了，我才會如此啊。

　　之後再回頭重新看你的回覆，我發現我不再難過，因為那不是我啊，只是一個我的「最大小我」，如今出現了。我彷彿在和你一起討論小我的模式，然後可以重新喚醒我，不再被它牽著跑。

若水：在「重新選擇」這一關卡上，你有什麼具體的方法，在小我發動攻勢以前給聖靈一個施展的機會？

M君：具體的方式是煩惱一起時，我立刻停下來，不放縱意念繼續發展下去。我會先離開座位，操練今天的課程，順便

深呼吸，然後自我宣告：我現在有某種感覺，但我不願讓這感覺操控我，我可以停一停的，事情沒有那麼十萬火急。

我有個急的次人格，說話也好，做事也好。最近我逐漸學會隨時讓自己停一停，然後再繼續。

即使在回答別人問題時，不論是不是胸有成竹或是對問題馬上有答案，都先停一停，深呼吸，然後刻意慢慢講話，不急著講完，隨時覺知「我」不是講話的人，而是觀察有個我在講話。當我覺察自己想要說服人時，我都可以停一停。

若水：哇，這正是我最需要下的功夫，你知道我也是個急性子，又口無遮攔，常常說錯話。（這輩子會跟你這急性子碰頭，絕非偶然）

我目前也嘗試著，一受到挑戰，立刻覺察小我的反應，切斷小我的「辯護」，接受這些辯護或想法後面的情緒。有時也得用深呼吸或散步來安撫一下小我。

在這段時空裡，我試著轉向聖靈，請教祂的看法（當然，有時候我會故意裝傻聽不懂）。當我作出一個「新的決定」後，會再給自己一些時間體會一下這個決定是否帶來平安的感覺。

我若還不敢確定的話，通常都會向身邊的「弟兄」請教。這是我最大的法寶，也是獲益最多的時刻。

M君：最近發現，我在作決定前，比較能讓自己停一停，連現在打個電腦，我也捨得停下來，為今天的課程留一點時間，而不是埋頭一直做。這幾天操練得很上手，當然停的時間還不算長，我相信會愈來愈熟悉「停一停」的空檔，不會一直受制於手頭的工作。

　　話說回來，我原想幫你分憂的，結果老出狀況。我擔心自己「愛解決問題來證明自己價值」的模式，會愈幫愈忙，我才會提出那些你認為很無聊的解決方法。

若水：也只有你這種直心人才能嗅出「解圍救難」的美德背後的小我詭計。Tom再三提醒你，別擔心，莫操心。一點也沒錯，會不會幫我惹麻煩，豈是你管得了的？我自己若無須修同一課程的話，這些事情也不可能發生在我身邊。

　　若非你為我們觀照出我們共有的隱藏模式，我可能還會繼續投射責怪別人呢！也許你很難相信我這句話，你對我的啟發遠超過那一點意外狀況。

M君：我確實很難想像這一點。你不是故意鼓勵我吧！好啦，好啦，我努力相信你的好話就是了。

　　我突然覺得自己是一個很棒的投手，我開始清楚我的球路。不像以前老用同一種球路，屢敗屢不改，甚至投出什麼球都不知道，亂投一通。

而你則像很會打擊的打擊手，洞悉我的球路，有事沒事就會來吵我：「你也幫幫忙，老是同一種球路，我都打煩了。」

突然覺得我可以很平安地和你一起看我的球路，雖然還投得不怎樣，但終於紮實地看到它的軌跡。我是投手，沒人要我急著出手，我可以深深呼吸，換個手勢，就可以投出好球了。

若水：提到改變球路，我突然有個點子，不妨說說。

你以前在讀書會中，總是第一個伸出頭來分享那見不得人的小我英勇事蹟，讀書會有你在，絕不會冷場。其他學員也逐漸因為你的開放而慢慢有勇氣談論個人的問題了。

以後，你不妨改變球路，少去糗你的小我，只是分享你突破它的成功案例，你是怎樣「重新選擇」的。以你的背景與功力，這種分享會有感天動地的威力的。

M君：好，我會試一試。

希望以後還有機會討論我的球路。球不是我，我是投手。

T君是全隊的教練，因此都是原則性的提醒，你是現場的投手教練，老是在我眼前指指點點的。你看我的比喻不錯吧，快成王建民第二了。

電腦紅娘勝於自由戀愛？

問：你曾說過，我們在選擇配偶時，大都受到潛意識中彌補童年未解的心結，所以千方百計追求來的，婚後才發覺原是冤家。那麼現代的電腦徵友，按照精密而理性的問卷調查來配對，是否就能避免自由戀愛的陷阱？

答：從現實觀點來看，現代人透過電腦徵友，全憑數據來配對，是可能避免自由戀愛中盲目的一面。其中的緣由，說穿了，其實挺殺風景的。

根據 Harville Hendrix 有關兩性關係的 imago 理論，情人之間「說不出理由」地彼此吸引，不只是理由充分，還暗藏玄機。他說，你對心上人的感覺，不過是延續你童年對最親密的撫養人（care taker）之間尚未了結的情緒而已。由於撫養者對你童年的存活生死攸關，所以你對他們的特質與互動關係的記憶，不論是正面或負面的，都深深刻在你的潛意識裡，成為你日後「生存本能機制」的一部分。即使是虐待你的父母，由於他們仍是你的存活不可缺的支柱，所以你

毫無選擇地繼續在他們身上投射你的安全感。因著制約作用，將來你碰到與你的撫養者有某種類似特質（即使外表非常不同）的人，就會情不自禁地受到吸引。

說得更白一點，當你看到一個人，「心如小鹿亂撞」，或感到「似曾相識」、「宿世前緣」時，原因一點都不浪漫，只因他勾起了你潛意識中對撫養人的某種記憶，你的存在機制會激發出一些賀爾蒙，催促著你回到童年的安全幻相中。這就是為什麼有酗酒父親的女子，常不自覺地嫁給一位有酗酒傾向的丈夫。

若由成長的角度來看，自由戀愛的婚姻，常常一路上吵吵鬧鬧，愛恨交織，其實是給自己「第二次機會」，去處理童年未了結的經歷（unfinished business）。媒妁之言或電腦擇婚，雖然可能避開自由戀愛的一些盲點，然而，也會因為勾不起潛意識的記憶，賀爾蒙的分泌不足，失去了戀愛的激情，即使門當戶對，通常「電力」不強。

年輕人終究還是渴望那種「感覺」的，缺了那份盲目而激烈的情愫，愛情還有什麼魅力呢？我猜，電腦擇友對中年或鰥寡人士倒是一個不壞的媒介（如果他們敢趕「時髦」的話），因為豐富的人生閱歷使得他們不再盲目地追隨「感覺」，而能退一步與現實妥協，反正，大多數人擇伴，只是找個相濡以沫的溫暖的身體而已。

　　上述這番話不只是殺風景，從《奇蹟課程》的角度來看，電腦擇友或是自由戀愛最多只能算是題外話（irrelevant）。因為，問題不在你怎麼去找伴侶，而是你把他／她帶回家以後，你拿他怎麼辦！你大概已經聽我多次談起「親密關係」的問題。所謂的天作之合，就是雙方都認定對方能夠彌補自己的需求；然而，我們的需求原是出自先天的空虛與匱乏感，那豈是另一人或另一物所能彌補的？

　　舉個例來說，一個嬌小脆弱的女人，找到了一個充滿男子氣概的丈夫，這種彌補不但不會使她變得堅強，反而逼她必須活得更加「我見猶憐」，才能贏得丈夫的憐愛。那麼這個小女子在崇拜丈夫之餘，豈能不更加痛恨自己的無能，豈能不對丈夫的堅強生出愛恨交織的心？

　　同樣的，一個出身貧賤的男人，即使娶到富家女，未必轉變得了他自卑的心理，還可能加深他的自卑而反彈為一種「揮霍」或「拈花惹草」的報復行為，來尋求某種平衡。

　　所以，親密關係的建立，不論是基於媒妁之言、自由戀愛或是電腦擇友，本質上依舊是一個自相矛盾的訴求：我們渴望對方來彌補自己所缺，結果對方卻像一面鏡子，把缺陷反射回自己身上。

　　即使憑著媒妁之言，找到了門當戶對的婚姻，不論對方

是俊男或美女，是富婆或是科技新貴，這些外在條件只是鏡子外圍的鏡框而已。結合成親密關係以後，我們與生俱來的內疚與憂懼，便會毫不留情地投射到對方身上，於是，這一面鏡子就開始發揮它照妖鏡的功能了。

婚前，不論是自由戀愛，或是電腦擇友，雙方都著眼在鏡框上，忙著把鏡框裝扮得美輪美奐來吸引對方，根本無暇也不願去面對框中那一面鏡子。等到結婚以後，配偶一稱職地發揮「照妖鏡」的功能，我們內在的陰魂（demons）便在鏡中無所遁形了。

此時，若沒有人教我們看出，鏡子裡面的怪物原來並不是我們心目中的配偶，而是自己的倒影的話，婚姻生活就難免煙硝四起。那時，鏡框不論是金框、銀框，或是木框，都是給別人看的，與婚姻的幸福毫無關係。於是，我們便會從外人口中聽到一些讓人心痛的勸言：「你有這麼能幹的老公，別人羨慕都來不及，你還抱怨什麼！」或是「你老婆不花錢、不賭博，死心塌地地照顧你的家，你就將就一點吧！」

婚姻的挑戰，正在於親密的「另一半」終於逼出了自己不敢面對的陰影，即使電腦幫我們的婚姻配上最亮眼的鏡框，那終究是裝飾給別人看的門面而已，你每天在家面對的，仍是他鏡中反射出來的自己。不論是哪一種方式結合的婚姻，我們都需要與鏡中的陰魂和解，才可能建立幸福的婚姻。

13

修行人不該買樂透？

───────────◆───────────

問：台灣最近在瘋「樂透」，我也忍不住買了幾張試一試手氣，但買得心不安，因為我一向以修行人自詡，不去作這種「低檔」的事情，我知道買樂透是源自於自己對金錢的匱乏感，不知你對靈修中人買彩券有何看法？

答：你所謂的靈修中人大概不是指出家人，而是指在家修行的，或是至少願以修行來自我期許的人吧！對我而言，這種分野已經愈來愈淡了，也許是因為自己出過家，也還過俗，發覺牆裡牆外都是同一類人，同一顆血肉之心在尋找理想中的幸福。

　　不論是今生或來世，不論是在家或廟裡，時空及形式上雖有不同，人心的渴望都是相同的。試想一下，立志作總統與發下「即身成就」的宏願，以及鍥而不捨地買彩券這三種壯志之下的心態又有何不同？只不過第一種把期望投射在總統府裡，第二種投射在涅槃淨土，第三種投射在銀行金庫而已，心態都是源自同一個匱乏感，不是嗎？

　　彩券在世界各地行之已久，但一進入台灣，就搞得「上帝也瘋狂」，實在難為了一般奉公守法、安貧樂道的尋常百姓。為什麼彩券對我們有這麼大的吸引力？一言以蔽之，**它是「希望」的象徵，希望「什麼」，並不清楚，但希望本身似乎指向一個「不同於現在」的境地，指向一個連自己都不清楚的夢境**，這對於一個不滿現狀的人而言，蘊藏了無限的生機。

　　此外，樂透還帶給人一個公平的假相。出身平凡的我們，看到世上有些人出身權貴，有些人具有超人的稟賦，有些人則總有貴人相助，對於這些不平等的人生現實，只有無奈接受的份兒。但在彩券之前，至少人人平等，縱然中獎的機率比被雷劈到還小，但在這極小的機率下，給人一個公平競爭的假相，難怪飽受現實欺壓的中下階層會不惜傾家蕩產地放手一搏。

　　你說的很對，彩券之夢常反映出我們內心根深柢固的匱乏感。彩券本身並沒有善惡之別，我認為，一個感到貧乏的人去買獎券與生病的人吃止痛藥，基本上是同一心態，多少有類似的彌補與止痛的效果，只是無法治病而已。我們應知，止痛藥的時效有限，若不繼續服用，那種痛楚更難忍受；若繼續服用，不只延誤治病，還會有上癮之虞，這種後續的問題，才是值得擔憂的。

　　你若懷有「靈修中人不該買彩券」的觀念，表示你不只給「修行人」與「買彩券」賦予了特殊的意義，而且還下了價值判斷。《奇蹟課程》基本上不作這種分別。人生就是一個教室，不論你出家或在家，不論你想修或不修，都逃避不了人類共修或個人選修的課題。唯一不同的只是，「有修行意識」的人遇到挑戰，算是有備而來，比較知道如何解讀問題；「沒有修行意識」的人常被生活整得鼻青眼腫，還不知道是怎麼一回事呢！換句話說，來到世間的人，都是廣義的修行人，不是自修，就是「被修」。

　　買「樂透」，跟其他生計一樣，只是在人間積聚生糧的途徑，我們若認為它低俗而口誅筆伐，便已賦予了它本身所沒有的價值。《奇蹟課程補編》提到金錢時說：「金錢不是邪惡的，它只是虛無（nothing）。」（P-3.三.1:5~6）所以買不買彩券本身不會構成問題，但想買又不好意思買的矛盾則透露了很大的玄機。

　　當你覺得自己不該買時，你認為自己與眾不同，而落入了書中所謂的「獨特性」（specialness）的陷阱；你若買了，期待自己在千萬人中脫穎而得魁，你也是在追求某種specialness。你看到這一有趣的現象沒有？買與不買，結果很可能一樣，這就是為什麼《奇蹟課程》老是說，不論我們作什麼，並不重要，下面隱藏的都是同一個問題。

　　這個問題就是，我們認定自己是被放逐於人間的一個脆弱而孤獨的個體，既需在匱乏與恐懼的威脅下求取生存，還需在芸芸眾生中尋找獨特的存在價值。買彩券的目的原想解決這種匱乏與不安之感，若能在千萬競標者中成為「幸運的少數」，原無價值的我便得到了肯定，在人間佔有一個獨特的地位。這是小我的解決問題之道，這種邏輯不僅使我們陷於痛苦，還讓我們流轉娑婆，難以超脫。

　　《奇蹟課程》則提醒我們，只要我們還想向外尋求彌補或證明，只會加深原有的匱乏與恐懼，因為我們期待的救恩完全超乎自己的掌握，我們的幸福任憑那個開獎機來決定。這一可怕的現實再次「證實」了，我們在人間確實是一個道道地地的受害者（victim）。

　　受害者最大的本事不是據理力爭，而是設法妥協。他會使出一切伎倆與神明討價還價：「只要我中獎，一定為你蓋廟。」「只要我中獎，我會把一半捐給慈善事業。」我們這般委曲求全，若還得不到神明的青睞，怎能不生出「自己不配」的內疚，逐漸由悲哀而轉為憤怒，去砸土地公廟了。

　　在一個公平競爭，有正常致富管道的社會裡，彩券原本只是一個無傷大雅的博弈小技，社會若無法提供一個奮鬥的遠景與公平競爭的環境，人民當然只有「奇兵取勝」。因著整個社會所投注的價值，使這金錢遊戲搖身一變，成了一場

生死之搏。當彩券在人民的心目中成了唯一的致富途徑時，表示這個社會的經濟生態出了問題。

　　我們如何在這種風潮之下自處？修行人是否需要力挽狂瀾？我倒覺得大可不必如此杞人憂天。根據《奇蹟課程》的觀點，聖靈從來不會對小我說：「你不要去買彩券，真丟臉！」祂只是笑一笑，陪著我們一起擠在彩券行的人潮裡。只要我們心中不被內疚與辯解塞滿，還留有一絲空間，容得下祂的聲音的話，祂隨時能把小我的行動轉變為救恩的機會。例如：當我們排隊買彩券時，不妨和祂聊一聊：

　　「中獎會帶給你什麼？」
　　「我可以不為生計煩惱。」

　　「這是什麼意思？『不為生計煩惱』代表什麼？」
　　「例如：付清房貸以後，我就可以做自己喜歡的事。」

　　「你喜歡做什麼事？」
　　「四處旅遊，到處吃吃玩玩。」

　　「你目前付不出房貸嗎？」
　　「倒也不是，每月的房貸總是一種心理壓力。」

　　「你現在不能旅遊嗎？」
　　「可以是可以，但我總得『未雨綢繆』啊！」

「所以你不是沒有錢旅遊或付房貸，而是心理上的壓力，為將來擔心？」

「嗯……」

「你認為你現在的經濟狀況無法消除你對未來的隱憂，唯有擁有更多的錢，才可能給你安全感？」

「當然啦！」

「你是說，物質上『量』的增加，能神奇地讓你的心理產生『質』的轉變？」

「嗯……我知道你會說什麼，有錢人也不一定有安全感，是嗎？」

「讓我們換一個角度來看看中獎能直接帶給你什麼吧！例如：在付清房貸、四處旅行的夢想下面，究竟代表了什麼？」

「嗯……，我就不必擔心了啊！」

「你還是在做反面的思考，不必為錢擔心並不代表幸福。它能正面或直接給你什麼？」

「我會感到自由，呃，我還可以隨意請客，做『散財童子』，讓朋友喜歡我。」

「所以你真正渴望的是心理的自由，希望贏得更多的友情與他人的尊重？」

「嗯。」

「可是根據報載，許多發此宏願的人，一旦中獎以後，都會躲起來，為什麼呢？你可曾想過，這種自由的感覺或更深的友誼，除了中獎以外，還有什麼方法可以獲得？」

「……我也許可以給自己放個假，我也可以請朋友喝杯咖啡，……我好像懂了。」

「中獎本身不具意義，它的意義在於你以為它能滿全你的夢，其實你連自己真正想要什麼都不清楚，只是跟著群眾去追逐一個模糊不清的夢。」

「我渴望的其實就是一些自由、幸福與意義的感覺，可是我從來沒有真正為自己做一些事，答覆我心理的需求。」

「所以才會不明就裡地把這渴望投射在彩券上？」

「我現在其實就可以做一些讓自己感到幸福的事。」

「Bingo！」

你的苦不是外加於你的，
只是受阻的生命之流所形成的水壓
讓你喘不過氣來。

14
做什麼都提不起勁

問：這一年來，我生活得很亂，做什麼都提不起勁，試了幾個工作，也做不下去，經濟情況愈來愈糟，也常和家人起衝突，不知道是怎麼一回事。

答：如果連你都不知道自己是怎麼一回事，我怎麼知道呢？（開玩笑的！）

其實，你知道的，只是沒有勇氣面對而已；我也知道，因為「天下小我一般黑」，你我玩的人生把戲其實大同小異，那麼就讓我來個「小人之心度君子之腹」吧！

我們生活觸礁時，外表看起來只是時運不濟，其實，這只是「果」而已，若深究其因，很可能是生命之流淤塞了。而生命之流的淤塞，又很可能是小我在耍脾氣。它好像在氣人事境遇的種種不順，其實它是在向老天（或命運）抗議。

一個本來圓滿的自性活在有限的小我意識內，當然會讓我們感到「壯志難伸」的委屈，我們從小就被教導「認命」

的美德，敢怒而不敢言，正是這個無言的怨，阻塞了生命的流動。我們根本意識不到，這是因為我們先切斷了與生命整體的聯繫，僅由小我支離破碎的現實經驗來評斷自己的遭遇，常常顯得「毫無道理」。

當小我感到自己沒有得到它預期的待遇，它開始與上天（或命運）嘔氣，覺得老天對待它的方式「毫無道理」（unintelligent），所以乾脆放棄努力，也活得「沒啥道理」。心裡還打算跟祂拗到底，除非祂改變對待你的方式，施一些恩惠或是顯示某種跡象，否則，你也絕不會改變自己的生活態度。

這樣與上天分庭抗禮，能帶給小我一種報復的快感，即使活得不快樂，倒也能感受到某種成就似的。

你應知，上主（或生命本體）的恩慈與智慧，必須透過你的意識管道，才能具體進入你的生活中，形成你能看見的「境」。你的心若老在跟祂嘔氣，就如受阻的水流，水壓怎能不立即升高？內心像個悶燒鍋裡的熱湯翻攪沸騰不已。

傳統的靈修也許會鼓勵你更精進、勤懺悔，這樣，只會提升水壓或氣壓而已。《奇蹟課程》的修法，則是幫你開啟水庫的閘門，釋放生命之流，它教你如何欣賞自己「完美無缺且永不失落」的真相，唯有如此，你的意識才可能向生命的恩慈開啟，閘門一開，生命之流便會重新流動了。

　　我希望你明白，你目前的苦，絕不是上天因為你表現不佳而給你的懲罰。你的苦不是外加於你的，只是受阻的生命之流所形成的水壓讓你喘不過氣來。你若潛意識中還懷著「老天若不對我好一點，就別想讓我表現得好一點」這類對抗心態，任何恩慈都無法進入你的生活的。

　　小我幫你做的那一套「生活評估」，前提就有問題，它的結論與建議，自然很不可靠。因此別再聽信它的邏輯了，也別跟生命之主討價還價，爭取生活的控制權了，試著嘗試另一套人生觀，臣服於更大的生命智慧之下吧！

　　至於你究竟應該另謀高就還是重操舊業，全在於你的選擇，只要你不是出自「嘔氣」或「不得已」的心態，你便會感受到命運對你的「善意」的。

如何消除金錢交易的罪惡感？

問：我最近在幫朋友賣東西，推銷時總覺得在佔別人的便宜，即使我賣的價格比別人便宜多了，我還是感到內疚，唉！又是我的老問題「匱乏心態」在作祟吧。嗯，趕緊先謝謝他們賺錢來買我的東西，這樣用感恩的心來取代內疚，對嗎？

答：能夠及時覺察，及時轉念，已經難能可貴了。但我很好奇，當你決定用感恩來取代內疚時，心裡有何感覺？你真的心安了嗎？我很懷疑小我那麼容易上當受騙！

擒賊得先擒王，你若勉強自己用感恩來制衡匱乏感，只能算是在表面上做了一些調整而已，你還沒有碰到問題背後的起因。

在匱乏中的人，是很難真心感恩的，他對外來的餽贈，心理的反應常在內疚與憤怒兩極打轉。勉強逼出的感激，反倒顯得有些矯情。

在小我深不可測的「分裂意識」下，面對交易行為，我們很容易生出「誰得誰失」的判斷，難以看出那可能是一種join的表現。因為永遠飢渴匱乏的小我，確實是利用每一個機會向他人進行某種形式的掠奪。因為世上一切有情生命的關係，基本上屬於「食物鏈」。《奇蹟課程》在無明亂世的法則中，描寫小我的掠奪邏輯：

> 你為什麼一直求而不得？
> 因為有人扣押了原本屬於你的寶物，
> 你弟兄因為忌恨你擁有那個珍寶而將之暗藏於他身上，
> 那個祕密寶藏，究竟是什麼？
> 是一種愛的替代品。
> 那是治癒你一切痛苦的神奇祕方，
> 那失落的祕方會使你的瘋狂顯得「正常」。
> 因此你的掠奪純粹只是自衛而已。
> 你終於由他那兒奪回來了。（T-23.II.12）

難怪你會對自己進行的買賣感到不安。你看到世間確有不少宗教組織或慈善機構掛著「分享」之名而行「掠奪」之實。然而，《奇蹟課程》也告訴我們，是可能透過交易行為達到合一的結果的。如果你由一體意識出發，即使庸俗的交易行為都可能是一種join的機會。

金錢不是邪惡的。它只是虛無。在他逗留的期間
，他會得到自己在世上所需的一切。

有些人，聖靈會要他為這救恩計劃付些費用。有
些人，祂則不作此要求。

（P-3.三.1:5~6;1:10;2:3~4）

不論是張三滿足李四的需求，還是李四彌補張三
的匱乏，他們的關係都是神聖的。……雙方都藉
此而獲得了治癒。心理治療師以感恩之心回報患
者，患者也以同樣心態回報治療師，這對雙方都
是無價的。但是雙方都理當感謝自己終於由漫長
的自囚與疑慮中釋放出來了。有誰能不為如此厚
禮而感恩？又有誰會妄想這是可能用錢買到的？

（P-3.三.4:4~10）

即使在詭詐的商業交易下面，也有「一個願打，一個願
挨」的 join 協議呢！他們可能正在透過這一金錢互動來學習
自己的功課，你為他們操哪門子的心呢！

所幸，我們沒有修正別人或改善世界的任務，我們唯一
的功課，就是隨時覺察自己的反應究竟是出自分裂意識還是
一體意識？別忘了，外面沒有任何人存在！那送錢來的或是
討債的人，只是應著你的某種信念而現形於前。因此，別把
眼光放錯了焦點，你該擔心的，不是別人是否受到剝削，而

是你內心潛藏的受剝削感。

「富裕」在《奇蹟課程》中幾乎不成為一個議題，因為心靈本來就是富裕的，與金錢的多寡和物質上的貧富毫無關係，也不配成為我們追求的目標。

它倒是提醒我們，只要懷著「他有，我沒有，所以我理所當然可以由他那裡『撈一筆』」的心態，絕對不是富裕的心靈會做出來的事情，那是在為自己創造匱乏的現實。

此刻，你若能覺察到，分裂意識與匱乏心態又在你心裡蠢蠢欲動了，接受聖靈的修正，重新由一體的角度來看這一件事，那麼不論你做什麼生意，都能歡歡喜喜地發出邀請，而你也會看到別人也歡歡喜喜地前來加入的。

最後祝你「開門見喜，和氣生財」。

16

該用傳統醫療，還是另類療法？

———————◆———————

問：我先生患了嚴重的腎臟病，醫師建議洗腎，否則可能會
有生命危險，他卻想用另類療法以及心靈的途徑來治療，我
苦苦相勸，他卻聽不進去。我該怎麼勸他才行？我不是《奇
蹟課程》的讀者，卻想聽一聽你們的意見。

答：《奇蹟課程》對人間的生老病死是從不給標準答案或具
體建議的，它只是幫助人們提昇於眼前的幻相之上，得以全
面性的俯視自己下意識發出的種種自衛模式，看清自己在這
一考驗之下所反映出來的情緒，先治癒自己的心態，給予對
方一個平安的空間，讓他得以做出更好的抉擇，如此而已。

　　首先，容我指出疾病常引發出來的錯覺。當親人患病時
，我們很自然地會認為，「他」出了問題，他的「病」是問
題的癥結，於是全家的焦點都放在那個生病的器官上。在治
病的前提下，我們不只認為身體就等於生命，甚至強調身體
大於生命，我們可以為了「救命」而罔顧當事人的生命尊嚴
，百般折騰，直到他嚥下最後一口氣。

　　疾病不必是個詛咒，它可能成為生命的良師。我們平常習慣把生命意義的問題推給哲學與宗教，好似是跟自己無關痛癢的身外之事，等到大病臨頭，朝不保夕時，才恍然大悟，原來生老病死是我們每一個人每一天必然面對的「公案」。我們可以否定，也可以逃避，但我們必然會選擇一種立場，來面對這一生死大關。

　　你問《奇蹟課程》對此事的看法，我不能不先提一下它的形上前提。它強調：生命是永恆的，是屬靈的，活在肉體中的這一段經驗只是那永恆靈性生命的一種學習教具。在物質世界混久了的我們，心靈問題顯得特別抽象，很容易被我們撇在一邊，活得好像死亡根本不存在似的；唯有等它的陰影投射到肉體上，威脅到我們的物質生命時，我們才大夢初醒，手忙腳亂地開始應付問題。

　　醫學討論生病的「近因」，心理學講生病的「遠因」，而《奇蹟課程》則談疾病的「根本原因」。它認為任何疾病由究竟處去看，都是「心病」，因此也只有心藥才能治癒。心藥並不一定否定世間的藥物，世間的醫藥確有「救急之效」，當事人可按病情的輕重緩急作一選擇，但若想根治，尤其是慢性病，遲早得面對隱身於病症後面的心結。

　　以你目前的困境為例，不論你的理由多麼堂皇，甚至有整個西方醫學為你撐腰，也難以說服你先生接受洗腎的建議

，只因他所面對的已經不是「腎臟」的問題，而是「活著」的意義。人類真正怕的不是死亡，而是「活」的恐懼。

如何面對一個致命的疾病，乃是當事人最嚴肅的「生命抉擇」，沒有人有權利為他作主，連「說服」的企圖都有「不尊重隱私」之嫌。《奇蹟課程》把婚姻關係列為「庸俗關係」中的一種，**我們常假借「愛」與「關懷」的名義，軟硬兼施地要對方履行我們所賦予他的角色與功能。**這並不是說，你不能表達你自己的擔憂、對他的不捨以及對未來的不安，你有權說出自己的恐懼與希望，但仍應學會尊重他才是自己生命的主人，切莫玩 guilt trip（讓人內疚的把戲），逼他就範。

我相信你先生也非「輕生」之人，他所承受的威脅更甚於你，他會拒絕一個「狀似」容易的解決辦法，必已看出其中「更甚於死」的大惡。他對那「大惡」的恐懼，你聽見了嗎？我不是問你的耳朵，而是問你的心，你在聆聽之際，真的能感受出他所承受的恐懼嗎？還是你已經淹沒在自己可能喪失一切的恐懼中，無暇真正顧及他的感受了？

我們只能期待他也能諒解你的恐懼，雖然是他在面對生死抉擇，你卻被迫承擔他的決定之下的一切後果，不論你願意與否，不論你準備好與否，那種苦楚與恐懼，外人是很難體會得到的。在這一段日子裡，恐懼很容易爆發為憤怒，你

們都得學會寬恕自己才行。如果你們雙方都能把這個挑戰當作自己的人生課程來修，接納內在的恐懼，調理併發的情緒，可能比較容易建立一種同船共渡、相扶相濟的默契，你先生不必把精力耗費在為自己辯護或安撫全家的情緒上，必有助於他做出最好的抉擇。

真正的治癒能力是出於心靈，而心靈必須處於平安之中，身體才能發揮最高的免疫力，這是你能給你所愛的人最珍貴的禮物了。願你們在這考驗中一起成長。

17

沒生病的人不了解生病人的苦？

問：在讀書會中有學員反應：「沒生病的人不了解生病人的苦，健康的人安慰生病的人所說的話都是屁話。」生病的人對肉身的恐懼，我很能感同身受，但我也知道奇蹟不是來解決身體與行為層面的問題的。只是最近身邊的人都在為身體與疾病的問題所苦，他們感覺到，面對現實痛苦時，《奇蹟課程》的話顯得很空泛而不切實際，我能聽得出這些抗議之下的「受害情結」，但仍想聽聽你是否有更好的建議。

答：深受《奇蹟課程》之惠的我們，偶爾會對這本寶書有些「恨鐵不成鋼」的遺憾，為什麼它不說得更明確、更具體一點？我們在帶讀書會或辦活動時，不也希望多聽到學員分享奇蹟經驗而感到「與有榮焉」？

為了讓更多的讀者接受這一本書，我們說故事、玩遊戲，設法將奇蹟理念通俗化，爭取更多人的認同，這正是《奇蹟課程》一度在西方發展成「百家爭鳴」的緣由之一。西方學員跟我們一樣渴望把奇蹟原則具體化，試著與醫學、心理

學、社會政治結合，成立了不少以奇蹟理念為中心思想的癌症團體、心理治療團體、流浪者之家，或獄囚聯盟等等。

這些團體開始時，確實帶給一群受苦的人一些希望，在此同時，奇蹟的理念卻也逐漸被成員的心理特質與特定需求所扭曲，因為他們堅決要求團體必須先解決疾病、痛苦、毒癮、不正義等問題，再來談心靈的成長。若有人指出這是本末倒置，把馬車放到了馬前頭去了，他們便會憤怒地批評主持人「不知民間疾苦」或「這個團體不切實際」云云。

於是能夠生存下去的小團體，逐漸淪為有特定目標的支持團體，同心協力忙著消除彼此夢中的魅影，卻無意從人生大夢中清醒過來；只想在暗夜中借一點光明，照亮腳下幾寸崎嶇的路，卻並不真想直接邁上光明的坦道。

眼看著《奇蹟課程》的訊息，不到三十年就快要變質了，近一二十年以來，上界陸續傳來更多的訊息，重申《奇蹟課程》的原始精義。例如：我們在「教師集錦」專欄中所披露的一些剪輯，光從《人生畢業禮》、《告別婆婆》這些書名，不難看出書中的蹊蹺，它們指出生命的「更大藍圖」，勸我們別自我拘限於個人問題的陷阱裡，因為那都是小我追求「獨特性」（specialness）的伎倆。

　　每個活在世上的人，汲汲營營，不都是為了活出自己「與眾不同」的人生意義？我們通常以為人們只會用功名、財富、神通、境界來顯示自己的獨特性，大概很難相信我們會飢不擇食、敝帚自珍到這種地步：若無功名財富，連殘缺痛苦，也能讓自己顯得與眾不同而獲得某種特殊身分。大自政治團體，小至一具身軀，都可以玩同樣的「獨特性」遊戲。

　　在電視上，不難由巴勒斯坦或伊拉克人的怒吼中聽到：「全世界沒有人了解我們的痛苦！抗暴有理！謀殺有理！我要全世界的人跟我們同歸於盡！」他們顯然已經在這「獨特」的民族痛苦中找到了定位，也在恐怖份子間找到了歸屬感；他們的勇氣，的確令歌舞昇平的國家不寒而慄。

　　你也不難由癌症病人的哀怨中聽到：「全世界沒有人了解我的痛苦！我要身邊的人與我一起哭泣，放下自己的一切來照顧我，因為我快要死了！」原本不知為何而活的人，突然在疾病中找到了奮鬥的目標，也在病友之間找到了歸屬感；他們痛苦，也常令團體之外無病無痛的人感到內疚。

　　不知你還記得否？我曾在一次演講中，提出一堆「生病的好處」。確實，對渾渾噩噩度日的我們，疾病的功效大矣！它突然把渙散的人生目標定焦，而且激發出無比的奮鬥能量。可以說，疾病對活得失意或倦累的人有致命的吸引力。

　　所以《奇蹟課程》說，除非我們心裡不再需要疾病帶給我們獨特意義與電擊效應，才有真正痊癒的希望。否則，人間的病是治不完的，癌症之後，又有愛滋；SARS之後，又有禽流感。我參加的讀書會裡，有一位約莫五十歲左右的會友，已經有兩次戰勝癌症的光榮史蹟，數月前，她宣布自己又患了另一種癌症，而且信心滿滿地認為自己必會再度克服癌症的挑戰，讓我們佩服不已。每個人在世間都得找一些事情「忙」，有些人忙著管兒子，有些人忙著生病治病，又有何差別？只希望我們不是愈忙愈有經驗而已，還需忙出一點智慧才行。

　　對於喜歡未雨綢繆的人，病友當然可以組織「癌症團體」，結婚的女人也不妨組織一個「怨婦團體」，所有父母都有資格成立「家有不肖子」的支持團體，不論是由疾病下手，或是親密關係下手，最後，我們還是面對大家共有的「世界對不起我們」的受害心態。

　　許多學員讀到〈練習手冊〉第136課說「疾病乃是抵制真理的防衛措施」，氣得想燒書。其實它並無意責難生病的人，只是指出我們全是病人，癌症並沒有什麼特殊之處，世間每一個人都受某種「身心病」所苦，病癥雖有不同，病根都是一樣的。

　　外表上，有些屬於慢性病，有些屬於生死交關的急性病；其實，哪個癌症不是「慢慢」形成的？《奇蹟課程》並不詛咒疾病，只是告訴我們，生病是一種畸形的對付人生挑戰的方式；然而它並不為我們治病，而是讓我們了解，只要我們願意，我們是「可以不生病」的。

　　奇蹟讀書會，並不是「不」解決個人的現實問題，正好相反，它要「徹底」解決我們的問題。每個讀書會友都應從自己最具體的問題反省起，但眼光絕不滯留於病態的現象上，而是隨著《奇蹟課程》的指示，從「實相」的角度重新「詮釋」問題。藉著每次的聚會，我們試著放下防備以及攻擊的心，寬恕彼此小我的花招，慢、慢、慢、慢地學習不受它的影響。

　　應知，老在問題中去挖，是挖不出答案的（如果能夠在問題內找到答案，它早就自行解決了），**真正的解決方案，應從問題背後更大的「實相」背景中去找**。這正是為什麼我們感到《奇蹟課程》那麼抽象的原因，因為它要呈現的是隱藏在問題背後的原因，以及終極且一勞永逸的解決辦法。

　　至於奇蹟學員應如何安慰生病的人？外表上，沒什麼特別技巧，就用一般人的應對方式（common sense）即可，你可以分享網路上各種「不太保險」的保健秘方，或是推薦醫師，介紹支持團體。心理上，則需針對病患特有的「受害

心態」多提供一點愛的支持，因為疾病已經將病患孤立起來
，**唯有愛才能幫他重新憶起「生命是愛」的真相。**

　　只是別忘了一點，當你幫助他時，必然會勾起你自己對
疾病的憂懼，你若能藉著他生病的「表相」，默默幫他看出
他原本百害不侵的生命本質，你其實已經藉著他而重獲一次
痊癒的機會，那麼，他不僅不是一個受害者，他已成了你的
老師。

　　如果對方是個資深的學員，不妨幽他一默：唉呀呀，
竟然做了這樣一個噩夢！

對這具身體一點辦法也沒有？

問：自從親人生病以來，變得有些六神無主，許多好心的奇蹟學員傳來各種養生治療的訊息，讓他更加戰戰兢兢地護著那不爭氣的身體。由於對自己的身體愈來愈沒信心，看到別人如此熱心推薦，他感到自己漸漸由恐懼轉為挫折，竟然隱隱地生出憤怒了，而這又讓他內疚不已。

我不了解的是：奇蹟學員一方面腦子都懂得「恐懼是虛無的」這個道理，但一方面又很認可它左右我們的力量，轉而求助於各種另類治療，消除恐懼、清除業障。說實話，我自己也很希望借用這些 magic 幫親人快速地度過難關，甚至有朝一日我也可能需要它們。但這些年對《奇蹟課程》的了解，深深覺得我更需要的是學習接受「聖靈的詮釋」。請你幫我解疑一下好嗎？

答：你的提問，勾起了最近縈繞我心頭的隱憂，看到一群好友，一邊修《奇蹟課程》，一邊尋求種種 magics，美其名為方便法門。他們不是不了解《奇蹟課程》毫不妥協的原則

，也毫不隱諱內心埋藏的恐懼與內疚，然而一旦需要面對這一關卡時，不少人退縮了，不再以聖靈為師，回到身體的層次，請教小我來化解心裡的障礙。

讓我更擔心的是這些奇蹟學員學貫中西，辯才無礙，知道如何為小我找出種種藉口，卻看不出自己已經選擇以小我為師，而放棄了聖靈的治癒方法，在問題的枝節或後果上大費周章，就是不敢去碰自己繫在虎口下的鈴。

《奇蹟課程》知道人心已被恐懼「逼瘋」了，根本聽不到聖靈的微音，故從不禁止學員採用任何方便法門，它只是溫柔地提醒：任何物質性或外力治療，最多只能消弭表面的症狀，它只能暫時轉移人的焦點，給人片刻的釋放，讓人有機會「重新選擇」。所以真正的治癒能力在於你自己的「重新選擇」，不是靠藥物或是其他另類療法的。

奇蹟學員若已經病得六神無主，則不妨藉助外力來安撫一下恐懼的心靈；如果還沒到這麼嚴重的地步，或是身體已經恢復到一定的程度，《奇蹟課程》會說：「何必浪費你的精力與時間？」《奇蹟課程》自詡它的特點乃是為你節省時間，但學員若一碰到自己該重新選擇的關卡，就求助於外力的話，何必修《奇蹟課程》？許多門派都有足夠的方便法門讓你玩個痛快。

　　只要是靠外力的治療，包括能量、靈氣、消業、開脈輪等等所謂的靈性治療，都屬於小我與物質層次的遊戲，被《奇蹟課程》劃入「怪力亂神」之列。這些治療不僅耗錢費時，而且時效極短，連最具體的身體按摩，效果大概都保不了幾天。時效一過，原以為已經解除的恐懼，會無情的反撲，連本帶利地向我們索債的。

　　今年在台期間，有朋友送我一些名貴的保養品，聲稱大約塗抹兩週，即可消除一些魚尾紋，大約能保持三個月的效果。我兢兢業業地試了這珍貴的樣品，一向「不知老之將至」的我，開始每天檢查眼角的魚尾紋了。說實話，以前我並沒有攬鏡自照的習慣，沒注意過自己的魚尾紋，所以也不敢說，自從擦了「除紋液」以後，究竟有何改善。然而，魚尾紋一旦潛入了我的意識領域，它便陰魂不散了，隨時追問我：我真的會為了青春形象去買這名貴的保養品嗎？如果無此打算，我現在抹來抹去又有何用？反正三個月以後又恢復原狀了，我想矇騙誰的眼睛？

　　我們心裡都明白，不論什麼瓊漿玉液，自己遲早還得面對一張阡陌縱橫的老臉，而且每隔三個月，我都得面對一次「老」的無情提醒，這種挫折感會帶來更深的恐懼與憤怒，會讓我們更難接受自己的老化，何苦來哉！

　　一個非關生死的保養品，都能激起這種負面效果，更何

況是聲稱能治癒你疾病、消除你恐懼、化解你業障的種種
特效捷徑！難怪當人們一陷身這一領域，便很容易勾起更深
的恐懼，以及隨之而來的憤怒。因為我們與生俱來的受害心
理，其中之一即是「匱乏」，而匱乏一定會投射為「受人剝
削」。

　　所以我們若接受高價的身心靈服務，嘴上說是給自己的
一份珍貴禮物，心裡還是會感到受了剝削的。我發現，即使
是花錢不眨眼的貴婦人，她們付出高價之後，通常不會心懷
感恩，有些人甚至變得頤指氣使或吹毛求疵，因為她們付了
高代價，相形地，也會提高要求，才能平衡自己「受剝削」
的感覺。

　　當然，在物欲橫流的社會，高價的服務仍能滿足某一社
群的心理需求。但，它是為那些還無法了解「另一條路」的
人而設的，你們原本不需要這類服務。問題在於，你們是怎
麼掉到這圈子裡去的？不妨深自反省一下，你們知道沒有「
偶然」這一回事，打從你親人生病開始，便賦予了身體一切
意義，又賦予了傳統醫學的負面意義，而將一切希望寄託在
另類治療的那一刻，可以說劇情已經擬定了，而接引你親人
走上另類治療之路的朋友也是循著你們的求助之聲而來的。

　　因此，是你們自己一個接著一個的選擇把自己及親人送
到人家門口的。

　　如今，你們看到了這些另類治療背後那個看不到盡頭的無底洞，你們也看到了身體背後那個狡獪的小我，你們知道自己走偏了，可能會自責，而這個自責很快會投射為對他人的憤怒。我希望你們別認為我在責怪你們犯的錯誤，這一路上，我一直顛顛仆仆地與你們同行，盡量隨順你們的需求，希望能消減一點你們選擇 magic 時的內疚。你們若有錯，我也有份。其實，我竊自慶幸，為我們走一遭 magic 之路的，幸好是你們。唯有你們才能如此徹底地試遍所有支付得起的 magic 花招；也唯有你們，一旦看清了問題，還有能力轉換跑道。而你們所演出的這一場 magic show，很可能成為我們一生都難忘的借鏡。

　　由你們的這段歷練，我更深體會到，身體確實是小我將我們緊緊繫於娑婆世界的鎖鍊。連須臾不可少的一口呼吸，都一再提醒我，我只是一具身體而已。在台時，學氣功的朋友提醒我，我的肺功能不好，需要練氣功或深呼吸。我知道，終日從事腦力工作的我，專注思考時，呼吸短淺，甚至會不自覺地摒氣。

　　每想起朋友的好意提醒，我便會到涼亭下做些氣功，每次深呼吸時，都覺得好笑，這般緊張兮兮地怕自己缺氧，還說什麼「我不是一具身體」。每一個刻意的呼吸，其實都在強化「我是身體」的存在層次。心靈朋友之間熱心分享的「養生之術」，更鼓勵我們一邊「靈」修，一邊在身體上大作

文章，難怪人間或史上不乏精進苦修之人，不斷地告別娑婆，卻又不斷地落回娑婆。

當然，《奇蹟課程》不會要求我們毀棄這具肉身，它反而利用我們對肉身的執著，教我們認清執著背後的恐懼與內疚，告訴我們身體「不算什麼」，你不賦予它意義，它就纏不到你。因此，凡是一顆藥丸、一粒維他命或一碗雞湯能夠解決的問題，我絕不會自找麻煩，去練功、去排毒或以高價去消除業障。把精力省下來，去照料我的念頭才是正著。

如果我們相信治癒是靠自己轉念，放棄舊有的信念，接受聖靈的詮釋，那麼一粒小小藥丸都能成為仙丹，只要我能在這一小粒化學分子中看到聖靈的愛。它一旦安撫了我對疾病的恐懼，我便能打起精神去面對疾病的真正起因。在那兒，我必會與祂會面，一旦選擇了祂，疾病的爪牙便失去了它的威力。

也許有些人會不解，我在課堂上屢屢叮嚀「另類治療」的後遺症，但朋友要為我按摩、整脊或除障時，我都樂滋滋地接受，興沖沖地前往，因為我感受得到這些magic後面的用意。

在「奇蹟之旅」一個半月的旅途上，我唯一的責任即是將自己的身心維繫於「最佳狀態」，方能聆聽得到聖靈的指引，不給小我任何藉口「作怪」。而這些萍水相逢的朋友，

肯定我的工作對眾生的利益，謙卑而誠懇地願意付出一份力量，調理我的色身，讓我順利完成任務，這不是聖靈給我的禮物，還會是什麼？因著我相信它背後的上主之愛，這些magics在我身上發揮了miracles的效用，五年來的奇蹟之旅，每一次都讓我健健康康，歡歡喜喜地度過。

　　然而，回到家後，我就不能再靠朋友的恩情了，我必須直接由祂汲取力量。我明白，連我的呼吸問題，也是因為心念走岔了路，當我把工作「當真」，害怕做錯或有所失落，身體才會不自覺地緊繃，呼吸才會隨之短淺。我發現，當我記得祂的臨在，好似連到源頭時（正如此刻與你對話的我），呼吸順暢得很。那我究竟應該提醒自己深呼吸，還是提醒隨時與祂同在，才是正著？答案便很清楚了，不是嗎？

神不只不會懲罰人，祂甚至不要求人做任何犧牲，
但這不表示你們不會自我懲罰或彼此折磨。

19

如何看待墮胎這件事？

———————◆———————

問：我和男朋友都還在就學階段，計畫完成學業以後才結婚成家，然而，我卻懷孕了，怎麼辦？一開始我根本不考慮將孩子生下的可能性，但我不知道如果選擇墮胎，到底我選擇了什麼？是選擇殺害生命嗎？教會禁止墮胎，我想向神祈禱，所聽到的老是教會的聲音；朋友對我說，靈魂是在七八週以後才進入胚胎的。我不知道該聽誰的才好。我知道沒有人能替我做決定，我男朋友雖然面對考試與工作的雙重壓力，仍對我說：「不論妳做什麼決定，我都會支持妳。」這段時間，我思考又思考，仍無法做出一個讓自己心安的決定。我知道《奇蹟課程》超越宗教，也不用信條來壓制人的，所以今天硬著頭皮寫信給您。我並不是向你要答案，只是在求己、求人、求天以後，仍然不知所措，渴望《奇蹟課程》的一些智慧能為我的痛苦與困境帶來一絲奇蹟。

答：讀到來信，有些自責，一年前知道你在熱戀中時，沒有提醒你避孕的事。在國外，有些家庭只要「吾家有女初長成」，父母就會把避孕藥和其他的維他命一起放在餐桌上。在

台灣，父母固然保守，但兒女的賀爾蒙其實和外國孩子一樣蓬勃，一樣渴望親密經驗，這是一般大人不願面對的事實。

既然事情已經發生了，你也知道最後只能由你們自己來決定，我只在此提出一些觀念，供你們兩人參考。

1）雙方參與決定

這個小生命是你們兩人自由意志之下的結晶，你們兩人都應負起相同的責任。男方雖然好心，不願給你任何壓力，全心支持你的決定，但這不是「你」一人能做的決定，男方也需以最負責（包括承擔日後所有的結果）的方式，參與這一決定。一起坐下來面對「生下」或「拿掉」對你們現在與未來可能形成的衝擊，以及你們可能要付出的「有形」與「無形」的代價。他此刻的全程參與，能具體分擔你日後的「一半」心理負擔。

2）抉擇的心態

抉擇的標準不是基於教會的規定，也不能全憑它對你的未來計畫方不方便來決定，這是你們兩個生命對另一個生命的對話。我們總以為，新生命顯得那麼純潔無知，不可能自我負責，父母應幫他們負責，甚至犧牲自己的生活來成全另一個生命。其實每個生命都是來自神的造化，是個智慧的存在體，它在「入胎」之前，知道自己的選擇（包括了母體與家庭的狀況），並非人們想像中的那般無知或無辜的。這緣

分會如何發展，你們三方都應一起負責，你們需要一段安靜的時間，向內去探問。

3）墮胎是否殺生？

墮胎確實是殺生，但我們吃雞鴨魚肉，吃抗生素，讓父母生氣擔心，危害他們健康，都是一種殺生，Ramana Mahashri甚至說：我們每天都在謀殺「真我」。這是生活在物質世界中不可能避免的難題。在小我投射出來的世界裡，為了維繫個體生命，常需要其他生命（不論高等或低等）做代價。因此人類在世間的選擇常有「不得已」的苦衷，不是他人所能評斷的。

從究竟來講，真實的生命是不朽的，不是你能殺害得了的，你最多只能決定要不要讓這一生命的某種形式（一段因緣）在此時此刻進入你們的生活而已。如果你相信女人也是神創造的，那麼祂好像不太可能只把女人造成一個毫無選擇的生育機器吧！結婚生育都是女人成長的一個過程，你當然有權利為自己說話。

4）宗教的因素

根據《奇蹟課程》的觀點，肉體生命所降生的物質世界，實是小我不願回歸靈性而自願放逐的地方，這樣的世界必然充滿了內疚、恐懼與懲罰。小我世界裡的問題一向是無解的，我們平常不願面對生命的真相，總是以忙碌來搪塞生活

，直到生老病死等問題臨頭時，才去問「神」怎麼辦？

　　說實話，不論神怎麼答覆，都不會讓我們滿意的，如果你按教會規定，放棄求學計畫，把孩子生下來，你可能隱隱地在心中怨一輩子。如果你拿掉孩子，開始有罪惡感，以後，身心只要有一點問題，你都可能投射在神的身上，認為祂在懲罰你。總之，最後，幫你揹黑鍋的「神」很可能成了「豬八戒照鏡子，兩面不是『神』」。

　　神在創造你時，已經把生命全權交給了你，包括你自己的生命以及由你而出的生命。你必須學會為它們負責。現在正是你學習的機會，不要只把這個問題當作「趕快解決才好丟開」的問題，這是你成長很重要的一步，只要你很誠實也盡你所能地處理這件事，你就可以心安了，因你活出了「當下所有的潛力」，那就是你的「真理」。除此真理以外，在有相世界中，是不可能有絕對真理的。

　　根據《奇蹟課程》的觀點，神不只不會懲罰人，祂甚至不要求人做任何犧牲，但這不表示你們不會自我懲罰或彼此折磨，所以這一刻的「自我誠實」最為重要。不論你做什麼決定，都離不開神的祝福，因為祂本身就是那毀不掉的生命。希望你在做決定時，能夠撇開外在勢力所帶給你的陰影，重新來看這一問題。

5）內疚的遺害

　　除了「生下」或「拿掉」以外，社會也提供了其他的可能性，你都應該列入考慮，不要因為「麻煩」而草率地決定。你們此刻若能誠實地面對自己的情緒，也考量過所有的可能性，做一個負責的決定，餘生便不至於陷在內疚的陰影中。這也是我希望你們兩人必須共同做一抉擇的理由。

　　你體諒對方的工作與學業負擔，並不是一種「共同負責」的考量，因你也有同等的生活負擔，不能以此作為逃避面對「生死抉擇」的藉口。我們都知道工作不等於生命，小我的計謀則是常用一堆工作讓自己忙到無暇去面對生活與生命的地步。如果你或他突然生了一場重病，什麼工作與學業，還不是都得放下！這些話也許對正在衝鋒陷陣的年輕人，很難聽得進去，但對年過半百的我們，看得很清楚，你投入的時間與精力多少，與到達目的地的快慢，絕對不是成正比的。生命常會幽我們一默，故意打個岔，讓我們不得不停下腳步，重新看看自己究竟活成怎麼樣了？

　　因此為了避免未來的悔與咎，你們必須攜手同心地面對與承擔。這個危機很可能會刺到你們兩人各自壓抑下去的心結與情緒，隨之掉入懊惱與彼此責難的陷阱，所以，在溝通時必須給彼此充分的時間，千萬別在談到痛處時就匆匆收場。

6）如果生下來？

如果你們決定要把孩子生下來，確實會帶給你們很大的挑戰，在你們還沒準備好的情況下，逼著你們放下原有的計畫而將生活大幅度地轉向。

這與神的祝福無關，不論生或不生，你都有祂的祝福，祂創造你的生命，不是只為了生育一堆小娃兒而已，而是透過與父母、朋友、配偶、兒女的關係讓自己逐漸成熟，首要之務是如何把你們的生命光輝先發揮出來。

你們需要一個周詳的計畫，不只是如何養孩子而已，也要包括你和男友的生活品質。每當理想與現實發生衝突時，通常都是女方有很深的內疚與自責，甚至不惜「潛意識地」以犧牲自己的未來做為懲罰自己的手段，我希望你不要淪入這種「受害者」的情結裡。誠實地問自己，你要過怎樣的生活？你永遠有選擇的自由，每一個人都有追求幸福的權利。

如果決定把孩子生下來，你們雙方的計畫都得修改，男方不可能，也不應該繼續做全職的學生及工作，你們兩人都須平等地為這家庭付出。雖說每個小生命來到人間時，都會帶來自己的福祿，但在開始時，你們難免會面對相當大的經濟壓力，可能需要雙方家長的經濟支持，我實在不忍看到一對恩愛的年輕夫妻，一開始就被生活現實整得鼻青眼腫。

　　緊接而來的責任，對一向一帆風順、心無旁騖地求學的你們，想來也許很可怕，但不是解決不了的。我有許多中國朋友都在兩三個孩子年幼的情形下，在國外慢慢選課、拿學位。這也許能逼著你們快速成熟，也說不定。

　　只是有一點，我需要提醒，我聽過許多傷心的故事，年輕有為的夫婦，生下第一胎時，為了學業與事業，把孩子送回台灣給父母撫養，等學業完成時，孩子與祖父母已經建立起「親子」的情緣，卻又硬生生地將孩子「奪回」，造成孩子日後很大的心理創傷。如果你們決定生下，希望能抱著親自養育的準備，因世上沒有一人能夠取代「父母」的地位的。

7）如果決定拿掉

　　要與醫生商量，徹底檢查評估，是否會影響日後的生育。

　　在做決定時，最好心裡再試著與胎兒互通，他們雖然沒有意識，卻是有靈知的，讓它參與你們的決定。千萬不要在怨怒、慌亂中進行，盡量以靈性的方式好好送它一程，善了這短短的緣分。

8）是否應趕快結婚？

　　婚姻不是為了生孩子，而是尋找終身共同成長的伴侶，不能因為要生孩子而「不得不」結婚。也許在這一件事情上

，讓你們看得更清楚，對方是否是你合適的終身伴侶。生孩子與結婚，是「兩件」需要深思的事，不要混為一談。

9）是否要讓父母知道？

如果你們計畫把孩子生下以後，交給父母養育，那麼事前一定要說清楚，否則的話，你們目前需要的是「更專業的協助」，而不是長輩「情緒化的參與」。

能有一對諒解的父母在旁支持，是一種福氣，但這要看父母的開放程度。據我所知，有些虔誠的教徒或在學校很開放的老師，在處理自己兒女的事情時，反而受制於自己的包袱與面子，有時不僅無法幫助兒女做成熟的決定，反而構成二度傷害。你們早已超過了法定年齡，應該能夠分辨該不該講或何時講。

這個決定最後只能來自你們兩人，你不需要向任何人辯解，只是勇敢地承擔起自己能負的那一責任。

10）長遠計畫

台灣的教育從未教過我們如何組織家庭與養育孩子，如果你們已經決定結婚是遲早的事，不論多忙，都應去上一些婚前輔導的課。如果男方不是教徒，更需要學習由更大的生命觀去了解生命的尊嚴與彼此相待的修養（那是常常需要提醒的）。你是個充滿靈性的青年，你的伴侶在這方面也需要

與你「門當戶對」才行。（你明白，有無靈性，與信不信教毫無關係）

　　希望這些分享，能幫你重新看問題。但願你不是因為「不方便」而拿掉，也不是因為「罪惡感」而生下，這是個影響你一生的決定，你必須在一個平安的心情下去做決定。總之，你要相信不論你做什麼決定，神的愛都一樣，祂都會指引你以後的路，如果你陷在恐懼與不安中，小我就會幫你出許多餿主意，製造許多不存在的「假想敵」，然後做出一堆自衛的舉動。那麼不論聖靈講多大聲，你都聽不到了。

　　在任何難關上，你都有權利要求「奇蹟」，你已了解，奇蹟不是把問題取消，而是你做了誠實的決定後，便會有種種力量出現在你身邊，幫你度過這一關的。當你日後回頭再看這一事件時，你會了解為什麼這一課程會在此時此地出現，你會對生命更有信心。祝福你們兩人在此挑戰中，一起成長，一起成熟。

不論你與人「隨喜」或是「分憂」，

關鍵在於你能否不受寵辱悲歡的表相所迷惑。

20

看破人生幻相，是否會過於無情？

問：《奇蹟課程》說：「外在的世界空無一物，所有的投射
都是無中生有。」那麼我面對犯罪、謀害以及自焚該作何表
示，以免讓人覺得我冷血、無情？

答：《奇蹟課程》對學員的基本要求就是「活得像正常人」
那樣，無須矯揉做作，裝得道貌岸然。既然世上的一切只是
一場虛幻的夢，它從不在意你在人間如何表現或反應，因那
與你的真實生命一點關係都沒有。它鼓勵你活得像「正常人
」那般；看到好事，能隨喜；看到他人受苦，也能分憂。不
論你與人「隨喜」或是「分憂」，關鍵在於你能否不受寵辱
悲歡的表相所迷惑。

應知，外在世界的虛無性以及一切毫無意義這類說法，
是針對我們真實的靈性生命而說的。至於絲毫覺察不到自己
原本是個「靈」的人，不可能不完全臣服於身體之下，這好
比陷入昏睡的人，夢中所有的影像與事件，對他可是歷歷在
目、如假包換的。上述的人生解讀法，落在好夢方酣的人耳

裡，簡直是天方夜譚，所以我常說，必須有一點心靈探索基礎的人才可能消化得了《奇蹟課程》的訊息。

你既然上過我的奇蹟研習課程，大概還記得那張「投影機與螢幕」的圖表吧！不論螢幕上呈現什麼精采戲碼，都是出自投影機裡面的底片，《奇蹟課程》的目的不是去改造螢幕上的影像，而是幫我們重新改寫自己渾然不知的「心靈底片」。

只要你在自己的人生螢幕上還看得到燒殺擄掠的影像，即使外表上好似「別人」幹的，我敢保證，暴力的種子一定也存在你的底片裡。《奇蹟課程》說到究竟：「別人」也是虛幻的存在，是應著你的劇本要求而上場的臨時演員。不知你是否能夠體會這番道理？

通常，外界慘無人道的事件，會勾起你（小我）內心的恐懼與憤怒。為什麼恐懼？因為你擔心這類事情也可能發生在你身上；為什麼擔心？因為冥冥中你心裡也藏有類似的憤怒、唯恐天下不亂的快感，或是你遲早也難逃恢恢的天網。這才是真正讓你坐立不安的原因，否則數千里外發生在一個陌生人身上的事件，「干卿底事」？

《奇蹟課程》卻能借用這個機會來扭轉你「坐立不安」、「無力回天」的頹勢。它教你把眼光由「發生在別人身上

的事件」轉回來，看清它影射出人性共有的恐懼、絕望與殘暴的陰影。即使我們無法理解更無法認同那種「行為」，我們仍有機會藉由「自我寬恕」去消解人性共有的陰暗勢力。試想，我們哪一個人在受到不公待遇時，不曾想過丟個手榴彈，同歸於盡？

當你操練《奇蹟課程》一段時間以後，你不再輕易與「自己的」問題或情緒共舞，此際，小我會借用「別人的」問題作為誘餌，讓你為那些不可理喻的社會事件繼續煩惱下去，再度把你打回「束手無策」的受害情結（victimhood）中，這又落入了小我的圈套。

《奇蹟課程》知道如何扭轉局勢。它輕輕提醒你，你無須去改變世界，也無須改變任何人，因為一切都在你的「內心底片」裡，只要你敢去釐清自己內在的黑暗陰影，**因為在實相裡，並沒有他人的生命與我的生命之分，你的一刻清明（sanity）成了全人類的希望所寄**。至於別人走不走這條生路，或是何時才肯接受這條生路，不勞你去操心，我們得尊重他的選擇，不以批判的眼光去看他，也不以憐憫的眼光去看他，因為我們知道，不論他在夢裡遭遇到什麼，是傷不到他圓滿不變的自性的。懷著這種眼光看待世人，不可能不慈；以這種胸懷去應對世事，是不可能不智的。

　　心理學在輔導時強調「同理心」，《奇蹟課程》則走另一條路。前者是在虛幻的表相上和受苦的心態感通（empathy），《奇蹟課程》則教我們由對方圓滿自性的層次與他感通（true empathy）。這種感通才有提昇與拯救的力量。一念之差，可能會帶來咫尺天涯的結果呢！

$\mathcal{21}$

明知是幻，還能活得踏實？

問：既然世界是幻，我們還可能在這個明知是幻的世界裡活出一個踏實而且和諧的人生嗎？

答：當然可能，也必須如此。《奇蹟課程》一再強調，除非我們能把人生噩夢轉為心靈美夢，否則是不可能真正覺悟的。

轉變的樞紐則在於「心」。

當初物質世界的形成，乃是出自我們因一念之差而做了錯誤的抉擇，我們放棄了靈性的根源，投射出一個充滿罪咎的世界來藏身。因此，我們可以這樣說：目前的世界既是出自我們過去錯誤的意向（intention），那麼，只需改變這一意向，就能改變世界。

這一道理毫不複雜，我們若真心想要活得和諧幸福，僅此意向或願心，就足以扭轉世界。如果我們不在「意向」上徹底扭轉，只在行動層面努力，好比在一座地基不穩的房子裝潢門面，不只解決不了問題，還會加深我們屢戰屢敗的

挫折感。

我們也許會問，誰不想活得和諧幸福？其實，絕大多數的我們都不覺得自己「配得」幸福，除非自己甘心付出相當的代價。於是我們終日忙著為未來的幸福作犧牲，無暇領受生命的恩賜。

雖然這一原則極其簡單（simple），但簡單並不表示容易（easy）。它不過是說：只要你願意，你就可以立刻做到……。聽起來，何難之有？然而在三界中流轉百千萬劫的我們，早已視自己為一具脆弱的身體，認為自己擁有獨立的生命和一堆隱密的心念。我們對人生的評估也根據這一表相：身體健康與否，人際關係的優劣以及社會的成敗等等。應知，在這一層次打造的人生是不可能和諧幸福的。

因此，能在世間發出「要活得和諧幸福」的大願的人，已經相當難能可貴了，而要把這一雄心壯志變成日常生活的「唯一」意向，那就需要相當的功夫了。

小我是製造問題的天才，不斷引發戰爭、絕症或瘟疫，它逼著我們回應、行動，與它共舞。想要不被它的驚險演出所撼動，隨時回到重申自己的唯一意向「活得平安幸福是我的唯一意願」，由這一角度重新去認識問題，哪需要何等的覺醒與修持？

　　如何在日常生活裡守住這一「意向」？《奇蹟課程》提供的秘訣即是「接受」（acceptance）。接受，不是承受，它需要看透狀似邪惡或痛苦的表相，不在那一層次上與它抗爭，而努力覺醒於表相背後的完美真相。由於我們在人間所見之事，不如己意者十之八九，所以，世間的「接受」必然含有「寬恕」的因素在內。我們應知，眼前的世界不過反映出我如何看待世界的眼光而已。我們若認為世界是殘酷的，必會親眼看到種種殘酷的景象，我若不如此看待它，它便呈現不出殘酷的一面。

　　當我們看到一個不仁的行為或是天災人禍時，表示自己已經掉入了恐懼的投射與世間的詮釋，而看不到背後的天意與玄機。因此，若想在衝突迭起的世界中活得和諧，唯有一途，就是把所有的衝突，包括疾病在內，帶入永恆圓滿的真相內重新觀照，這一覺知，便足以帶來奇蹟或治癒。

　　當我們將現實生活中狀似孤立的事件，帶入自己的圓滿自性裡，憶起生命的無限大能，就等於再次重申「凡是真實的，不受任何威脅，凡是不真實的，根本就不存在」的真理。唯有這一真理，能夠帶給我們自由解脫（Truth sets you free）。

好勇鬥狠的心念不改，人間的戰火便難以止息。

戰爭，其實不是軍事問題，而是人心的問題。

22

歷史悲劇豈能輕易遺忘？

問：《奇蹟課程》只強調改變自己的心態，而不是改變世界，但面對人類歷史上的慘劇，例如：南京大屠殺、猶太集中營，難道我們不應嚴屬指責，防止人類重蹈覆轍嗎？

答：在這兒，我們必須把「當下現實」與「心理反應」這兩個層次分開來講，才不至於又犯下「層次混淆」的錯誤。當你面對大屠殺或身陷集中營時要如何生存，和你此刻對這一歷史事件作何反應，是兩回事。

此刻，南京大屠殺對你而言，只是一個觀念，你對這一段歷史的憤怒，和你昨天被老闆責罵而起的憤怒，兩者有何不同？都是同一回事，因為兩者都發生在你的腦子裡。你先想到過去某個經驗，不論是自己的或別人的遭遇，都會激出你憤怒或恐懼的情緒，以及某種應變的舉動。發生在你腦海裡的一連串的心念反應，只有你能為自己負責，日本人或德國人無法為你此刻的情緒負責。

如果你不幸活在二次大戰期間，你也不可能面對「南京

大屠殺」或「猶太滅種」這些問題的，因為這是戰後才形成的歷史名詞。在當時，你只會在一群喪心病狂的日軍或德軍的統治下，使出渾身解數為自己或家人謀求生路，根本無暇去做道德反省，甚至情緒反應。等你發覺自己逃不了時，你才會恐懼；當你救不了別人時，你才會憤怒，這時都已跳出「當下現實」而轉變為「心理反應」了。

五十年後，人們再討論這一事件時，它已經化為一個觀念，不再是那現實本身了。在一個觀念上大作文章，對於問題的癥結有如隔靴搔癢；不僅抓不著痛處，反而可能加深人類與生俱來的「受害情結」——上天對不起我們、世界對不起我們、歷史對不起我們、鄰國更對不起我們。

應知，南京大屠殺與猶太集中營不是無端端地冒出來的，它背後有多少民族情感、歷史意識在鼓動撐腰，才造成這個人間悲劇的。反觀一下打著相反旗幟的我們，不也是使用類似的邏輯在思考、在批判。除非我們改變思考的基本模式，否則世界是永無寧日的。

比爾在世時，曾有奇蹟學員問起他對戰爭的看法，比爾只是提醒他說，你思考的邏輯犯了把馬車和馬的位置顛倒的錯誤，戰爭乃是心念投射出來的結果，好勇鬥狠的心念不改，人間的戰火便難以止息。戰爭，其實不是軍事問題，而是人心的問題。

　　《奇蹟課程》確實說了：「不要設法去改變世界，而應決心改變你的心對世界的看法。」（T-21.Intro.1:7）這裡，我們需要特別留意，所謂改變看法（change your mind），並不是要我們由某個負面念頭轉成一個正面念頭而已，而是徹底地將小我的妄念改回屬靈的正念。因為人類真正需要改變的，只有一個基本信念，就是「我們的幸福都操在別人的手裡，他們不改變，我們就沒有幸福的希望。」就是這個可怕的信念，一棒把我們和五十年前的祖宗一起打入了「受害者」的地獄中。

　　就在我答覆你的此刻，布希正式向伊拉克宣戰，一個月以來我們看盡了聯合國的鬧劇，主戰和主和的雙方都在提出一堆「事實」與「證據」，我們只需稍微回顧一下歷史，便不難看出，人間「事實」的基礎是多麼地脆弱，端看你由哪一個角度來取樣，從哪一個目的來詮釋。

　　我們當然可以繼續譴責、抗議，藉此聊以自慰：「我們至少發出了自己的聲音！」然而，我們若真以為自己叫大聲一點，或丟幾個石頭雞蛋，就能挽回世間的悲劇，那就過於天真了。

　　已經跨入二十一世紀的人類，面對經濟繁榮與科技發展，難免沾沾自喜地認為「人類進化了」。南京大屠殺與猶太集中營的出現，好似摑了人類一個巴掌：人類真的進化了嗎

？美國出兵中東與十字軍東征究竟有何不同？不論師出有名或無名，不都仍在小我的「恐懼─憤怒─攻擊─內疚」這個惡性循環中打轉嗎？

只要戰火不燒到自家的後院，我們還會懶洋洋地斜倚在車子的後座上，任由「小我」駕著馬車橫衝直撞。即使顛仆得難過，只要屁股還坐得穩，我們就睜一隻眼，閉一隻眼，最多提醒一下馬車夫：「老兄，換個平坦的路走吧！」等我們眼見馬車竟然衝向懸崖，我們才會大夢初醒，由車伕手中搶回馬韁，硬著頭皮自己上場了。

人間的冤案，歷史無法為我們解答，只能任憑悲劇不斷重演，雖然好人與壞蛋的角色不斷在換，人心始終沒變過。因此，《奇蹟課程》勸我們少去算過去的舊帳，試著由心理戰場上抽身出來，與它一起翱翔在空中。它指著我們的家庭戰場、公司戰場，甚至街頭戰場，輕輕地提醒我們：我的弟兄，問題出在這裡，而不是在中東那一片沙土上。

下　篇

與自己心靈對話

學習聆聽自性的聲音，

就是不再聽從小我的聲音。

1

若因內疚而做，不如不做？

問：你曾在演講中提到：「若因心懷內疚而去做一件事，那麼不如不要做。」是什麼意思？

答：內疚的問題，一直是中國人的隱痛。

有人說：猶太人與中國人是內疚最深的民族，我們的親子關係與親密關係最愛玩的伎倆就是guilt trip（虧欠的遊戲），我們做事的動機也常出於「應不應該」、「不得不」或「不好意思」。外國人以為我們是為了面子而做，不知道中國人心中常有一根「咎」的鞭子，時時在後面鞭笞我們作一些自己未必想做的事情。

「咎」是很奇怪的東西，這與我們外在做得完美或不完美無關。在重男輕女的家庭裡，女孩若表現得比男孩強，心裡雖有些「爭回一口氣」的自傲，但也可能會因違逆了父母對兄弟的期待而感到不安。妻子也可能會為自己比丈夫能幹而感到抱歉。作兒女的，更容易看到父母的犧牲奉獻而感到虧欠，這些不安、抱歉與虧欠都是一種內疚的流露，像一根

刺一樣，慫恿我們「不得不」去作一些彌補或償還的行為。

我願意強調的是，**一份「不得不給」的禮物，對施者與受者都可能產生很大的遺害。**它會勾起我們心中「我不重要」、「我沒有價值」的情結，無名的焦慮與憤怒便會不自覺地生出。這是我們最常有的經驗：當我們去照顧牢騷滿腹的年邁父母之後，回家的途中，很容易想起不在場幫忙的弟兄而生氣；在廚房裡拖著疲憊的身子煮飯的家庭主婦，一眼就會看到躲在報紙後面的丈夫或賴在沙發上的孩子，一股「怨」氣就衝上來了。只要我們感到自己做了犧牲，自然會期待身邊的人也活得一樣辛苦才公平。有所犧牲的給予，常常是不健康的。

當我說「若因內疚而做，不如不做」，是供修行者反省自己的起心動念，而不是一種行為指標。我們不可能面對行動不便的父母說：「抱歉啦，我不能因為內疚而照顧你，所以，bye-bye。」人間的因緣與際遇都有某種因果在其中，才會形成某種特定的關係，我們想溜都溜不掉。

但**「因果關係」不必一定要演變成「因果報應」。**人生的目的不是來還債的，此生的遭遇既然是過去的「心態」所投射出來的，如果只是受苦還債，我們在忙著還債之餘，內在的種種情緒反應不知又要衍生出多少恩怨，生生世世，何時才能了結？我們此生的要務乃是化解形成今日遭遇的「

宿世心態」，截斷恩怨之根，所謂「好聚好散」，使雙方都
能由此因果關係中獲得重生。

　　我說此話時，絕對不是暗示，我們不必去做「應該」做
的事，而是說，既然已逃不了，在「不得不做」以前，何不
試著徹底解決，不要陷在「作一天和尚，敲一天鐘」的無奈
裡。至此，我們再次碰到了《奇蹟課程》與世俗觀念的分歧
點：世俗很重視我們「做」了什麼，《奇蹟課程》所關切的
卻是我們做的時候心裡是怎麼看待這一件事的。如果它是出
自不安或虧欠或愧疚的話，必然會勾起當事人的抗拒與憤怒
，無意中侵犯到別人還不自覺。這連環反應未必有形可見，
但一定會有人受到傷害，包括自己無辜的身體在內，它會開
始承擔內心無法舒展的鬱氣。

　　世俗告訴我們，犧牲小我，完成大我，是一種美德，《
奇蹟課程》卻告訴我們，**小我的犧牲都是有代價的，它遲早
會轉過身來討債的**。真正的給予，乃是分享自己的富裕，如
此才會愈給愈多，彼此沒有虧欠，更不會引發內疚。

　　我們應知，人的境遇都是出自個人潛意識的選擇，至少
是自己默許的，我們所遭遇到的一切，必有它出現的理由。
沒有人能夠改變別人，也沒有人能夠讓別人快樂，因為快不
快樂取決於個人對事情的看法與接納的心態，他人愛莫能助
。我們所能做的，只是化解自己的內疚，找回個人的尊嚴與

價值，在娑婆世界為幸福與平安做個活見證，「心安理得」
地與周遭的人分享自己所擁有的時間、能力與喜悅。

如何調理情緒與壓力？

問：我承認「我絕不是為了我所認為的理由而煩惱」（W-5），但日常家居的瑣事常使我煩躁不堪，如何調理自己的情緒與壓力？

答：多謝你為我們提出生活中最常遇見的挑戰，顯示你已由「高談闊論」的階段進入了「具體實踐」的階段。《奇蹟課程》曾說，問對了問題，答案就不遠了。

　　首先，我們應明白，情緒乃是我們感受的流露，只要我們活著，就不可能沒有情緒。《奇蹟課程》從未說，你不可以生氣！它只是讓我們看清，我們氣的並不是外在的事件，真正的理由隱藏在事件之後，有一個忘卻的傷口正等著我們去處理呢！

　　我收到你來信時，正值一場暴風過境，後院的一株老松從中而裂，一根枝幹的直徑就有一尺半寬，壓垮了鄰近的松樹，斜倚在屋頂上。在人工昂貴又安全至上的美國，為了顧及鄰近房舍的安全，剪枝砍樹，常常殺雞用牛刀，出動了十

八般器材，包括了伸縮吊纜車，我簡直不敢想像即將來臨的那份帳單。

清完院子，回房梳洗時，才發現熱水爐的火苗也被風吹熄了，點了七八根火柴，也無法讓它死「火」復燃，看到身邊兩手仍插在褲袋裡的另一半，火氣就冒上來了。

我不是不知道，人間沒有解決不了之事。那一排樹，大不了「破財消災」；熱水爐，一通電話，瓦斯公司就派人來了，有什麼好怨的呢？我開始靜下來聆聽自己的感受，也許是一連串的意外，打亂了我生活的秩序，破壞了我的「安全」假相，引發起內心的焦慮，於是暴風、園藝公司、身邊的人都成了剝奪我安全感的罪人了。

於是，我開始練習「內觀冥想」（Focusing），「安全感」這三個字好像冰冷冷地，勾不起我內在的覺受（felt sense），反而是「那聲音」曾向海倫說過的一句話，突然在心中響起：「你感受不到愛。」胸中頓時一陣翻湧，是的，這是我開始煩躁生怨的真正理由。

我因熱水爐壞了而煩躁，是因為我感覺不到生命被愛。
你嫌太太炒的菜不好吃而生氣，也是因為感覺不到自己被愛。
他為了孩子不用功而難過，也是因為自己的期待落空，感受不到愛。

　　這一剎那，我深深體會到，愛才是我們的生命本質，也是我們生活的真正動力。然而，現實生活似乎有意切斷我們與愛的聯繫，心裡老是有個小小的聲音提醒我們不夠好，讓我們感到自己實在不配得到愛。於是我們學會委曲求全，退而求其次，尋求成就、財富、美貌、名譽、愛情、主權，來替代失落的安全感，爭取外在的肯定來彌補那個缺席的愛。久而久之，我們便忘了自己真正的渴求，只剩下那個無名的「空洞」，逼著我們終日抓狂地向外尋找替代品來填補。

　　如果我們始終迴避自己生命中的課題，看不見問題的癥結，就很容易發出「無名怒火」；我們一旦認出情緒下面的真正渴求時，才可能知道如何去擺平自己的心境。表面上，我們也許是在抱怨工作的重擔，其實，我們渴望的是被照顧或被關愛的感受。這感受既然出自於內，我們唯有從心內下手，外在的事件只是一個導火線，誘出我們內在的空虛與不安，它們是無法填補心中的黑洞的。

　　我們不知在人間作了幾生幾世的「受害者」，早早已能駕輕就熟地演出這個角色，習慣由外境的反應來界定自己的價值，然後為此而難過，為此而憤怒。《奇蹟課程》教給我們一套新的「看法」，如何肯定自己，真正地愛自己，不受人際的恩怨假相牽制，直接去尋找內心真正渴求的愛。

然而，**當我們開始尋找內心的愛時，才突然發現我們絲毫不愛自己**，表面上我們會為了別人的一個眼神、一句話或某個反應，不惜代價且不擇手段地保護自己，好像多麼珍惜、尊重、愛惜自己似的。其實小我慫恿我們反擊以後，立刻幸災樂禍地反過身來嘲諷自己，讓我們親眼看到自己的兇惡嘴臉，因而勾起更深的內疚與自責。外表上，我們好似在氣別人，骨子裡，我們真正氣的是自己。

試想一下，在我們得勢之際，是什麼聲音依然叮嚀我們防備他人的打擊；在我們富貴之餘，是誰不斷提醒我們過去的貧窮；即使在戀愛的熱潮下，「負心」與「失落」的陰影也常在心中閃爍，令我們坐立不安、喜怒無常。

不論成敗勝負，小我一刻都不會放過我們，這是構成我們「情緒與壓力」的真正原因，他人的言行或環境的挑戰，只是提供小我一個「自己打自己」的藉口而已。那麼，我們該做什麼才能擺脫小我的傷害呢？就是自我寬恕！就是不跟小我站在同一陣線，而以寬恕的心去看待它對我們的批判與指責。總之，只要不跟著起舞，它就傷害不了我們。

然而，「跳出小我」與「冷眼觀察而不參戰」的本事，是需要磨練的。我們的自衛本能，與小我的耳提面命，常常使我們一遇到問題就身不由己地反彈出去，做出兩敗俱傷而後悔莫及的行為。所以我們才需要三百六十五課的〈練習

手冊〉，每天定時「保養」心靈，學習聖靈或大我的慧眼，重新去看人間的瑣事。我們若真能按照練習中的指示，「寬恕」每天所面對的人生鬧劇，我們就超脫了小我的牽制了。

只要不參與小我的戰爭，不為它推波助瀾，小我就如釜底抽薪的木頭，自行燃盡而熄滅了。在這剎那的寧靜裡，大我的「愛」便會自然浮現，這便是《奇蹟課程》的化解（undo）秘方。它不直接與情緒交鋒，也不設法壓制或懲罰自己，只是教我們看出這一切反應的虛幻，絲毫無損於真我。於是，我們便會像戀「愛」中人那般「大無畏」，足以面對任何挑戰了。

你若認定對方必須為他的言行負責，言下之意，
你也必須為自己從小到大每一個錯誤付出代價！

難道沒有任何理由憤怒？

問：最近為了帶領讀書會的事，和我的老師起了一個不小的衝突。我毫無私心地幫他推廣，他竟然對別人說我好為人師，還可能毀了這部課程等等。當我讀到這封信時，只有驚駭、失望、憤怒、窒息這幾個字能夠形容我當時的感覺。雖然我知道這可能是來自於「祂」的一個挑戰，但我仍然忍不住與我的老師大聲抗議，他應為那些傷害我的話負責。

然而，在這同時，我的自責更深，很氣自己如此憤怒，沒有修養，你們一定對我很失望。他的批評與我的自責把我打到了谷底，你們怎麼可能說，這只是「幻相」？《奇蹟課程》或《無條件的愛》中的寬恕道理，我都明白，但當面臨打擊，憤怒生起時，我一點辦法都沒有。我真想對聖靈大吼：「我再也不學你這套沒用的理論了！」雖然我明知自己是不可能放棄這條心靈成長的路的。

我知道時間會治癒這個傷口，但面對自己惹出來的爛攤子，簡直不知該如何收拾才好，我真的對自己以及自己的修

行失望到了極點。

答：親愛的朋友，雖然我知道，你只是被一時的憤怒所淹沒，演了一場不太好看的戲，等過兩天你心情平穩下來後，自能看出事情的真相，無庸我的排解。但我認為每個人的戲劇都是為眾生而演的，這不是你的「私房戲」，我們一生不知重複演過多少遍了，我相信這也不是你第一次大發雷霆；只是這一次，你開始覺察，知道反省了。

凡是還在娑婆世界裡混的人，表示仍有很多沒有寬恕、沒有放下的地方。藉著你這段經歷，讓自認為「懂」了《奇蹟課程》的我們，與你一起重新複習一下「寬恕」的真義。

這些年來，新時代大部分的學派，你幾乎都涉獵過，四出參訪海內外的「大師」，最後，你覺得這部課程與你比較契合，於是滿腔熱血地招了一群朋友與你共修，想用「教學相長」來砥礪自己。沒想到引你入門的老師澆了你一盆冷水，於是一場好戲便開鑼了。

你認為你「知道」老師那一番話後面的居心，你認為你「知道」他話中的含意，也認為自己「理所當然」應該討個公道，然後你希望這樣的抗議會讓你好受一點，結果呢？適得其反。

　　你看出那個慫恿你反擊回去的小我，在你背後玩的把戲了嗎？它先給你一堆自衛的建議，不等你覺察到自己上當了，又立刻反過身來指責你，「你反應過度了」、「簡直沒有修養」、「人家會怎麼看你」……，這個從裡面發出的自我打擊，遠比你老師那幾句評論更具殺傷力。

　　這一齣戲，不只是你，所有人類百千萬劫演來演去，都逃不出同一個「受害—攻擊—內疚—受害—攻擊—內疚」的劇本，因為我們不知道（或不想知道）還有其他演出人生的方式。

　　《奇蹟課程》為我們寫出了另一套人生劇本，只是這一套演法對你還挺生疏的，所以你雖然試過一段時間，卻始終沒有認真地操練。「太平日子」裡，那些練習慢慢淪為一種與現實脫節的抽象理念；難怪當挑戰臨頭時，你連第一課的功夫都用不出來。

　　〈練習手冊〉第一課：「我所看到的一切，不具任何意義。」你「認定」你的老師那一番話純粹衝著你而來，真的嗎？他那一番話可不可能也是針對多年來所看到的「聰明反被聰明誤」的學員而發出的警告？

　　第二課：「我看到的一切對我所具的意義，完全是我自己賦予的。」你「認定」是他的話帶給你心理的傷害，真的嗎？可不可能是因為你沒有獲得預期的鼓勵與支持，那種失

落與挫敗感，讓你「不得不」把他的話詮釋為一種純粹的攻擊？

第五課：「我絕不是為了我所認定的理由而煩惱。」你「認定」你感受到的痛苦都是因為對方的攻擊而引起來的，真的嗎？可不可能因為你前半生的認真努力，始終沒有獲得你渴望的肯定，而這種失落與挫敗感早在那位老師批評你以前就深埋在你心裡了？

〈學員練習手冊〉繼續這樣開導你：

「我煩惱，因為我看到了根本不存在的事物」(W-6)

「我的心裡塞滿了過去的念頭」(W-8)

「我看不出事物的當下真相」(W-9)

「我決心由不同的角度去看事情」(W-21)

你若能按照聖靈的邏輯推下去的話，你的焦點馬上就會由外面好似在攻擊你的人，轉回內在急需治癒的受傷小孩，那麼，你才有機會把人間的無謂衝突轉變為你成長的契機。

這番道理，你不只耳熟能詳，甚至還會用來勸慰別人，但由於缺乏實際的操練，仍留在腦子層次，並沒有進入你心裡的軟體，所以一旦發生狀況，你連想的機會都沒有，心中那唯一的「小我軟體」便自動啟動了，一天之內，密集去函，速度之快，你想抓都抓不回來。

　　每一個辯解，引來更多的傷害，把你打得灰頭土臉，還餘震連連，你問：「這怎麼可能是幻相？」它是幻相，朋友，你在噩夢中痛苦地大叫，或被冷汗浸濕了衣裳，仍是幻相。想一想吧！針對他那一句話，你可以有千百種回應方式，你可以不理，你可以拖延，你也可以拿一把槍把他斃了。每一種反應，都會帶來某種後果，不同的反應產生不同的現象，沒有反應便沒有現象，反應過後，現象也隨之消失了（除非你不肯罷休，把它存在記憶裡，隨時翻新，製造新事件，繼續糾纏下去）。正因任何結果的本質都是變化、不定、偶然的，故我們稱之為幻。

　　你事後的自責，顯示小我還不肯讓你輕易脫身，因為它必需永遠讓你覺得自己不夠好，才能讓你繼續聽從它的指揮。因此，它會用記憶，把過去任何證明你不夠好或你不被愛的偶發事件，都轉變為實在的經驗，鎖在你的記憶裡，來支撐小我要你「看到」的世界。

　　我知道聰明如你，不會不了解這一邏輯，只是心裡未必甘心接受而已。眼前這齣把你氣個半死的事件，怎麼可能像昨晚的夢一樣，醒來就沒事了？若還沒吃夠小我的苦頭，對小我的那一套還抱著一點兒指望的話，我們通常是「不甘心」去用聖靈的解決辦法的。

　　聖靈說 " Nothing happened "，這類「空性」觀念，

在宗教裡屬於相當高超的境界，《奇蹟課程》卻給了你一個最直接又具體的捷徑，那就是寬恕。以你目前的經驗為例，你若聽了他的評論，沒當一回事，他的話以及後來發生的一切不全都化空了？你又損失了什麼呢？這就是寬恕的訣竅所在，它真的是化解千古恩怨的法寶。

你若不信，不妨做個實驗，在自己的辦公室裡，找個機會真心地去讚美隔壁的同事，你會看到他的歡樂、感激與對你的信任；一個小時後，你故意對他非常冷淡，把他當作根本不存在似的，你不難看到他逐漸籠罩在不安與怨氣中了；再隔一小時，你找出他的毛病或錯誤，嚴厲地加以指責，他立刻變成一頭憤怒的野獸，恨不得與你同歸於盡。哇！你真偉大，上帝忙了半天才造出一個亞當，你在三個小時內能夠造出三個不同的人來。我們的潛意識每天都根據自己隱藏的內疚與恐懼，在外面造境，造人，只是不願承認而已。

由此，你不難看出寬恕妙在何處了。它把原來虛幻的投射，還原到它虛幻的本質。它認清了外在的現象只是對方與自己心態互動之下所造成的後果，那後果既是偶然的，虛幻的，你藉著寬恕賦予了它不同的詮釋，它的面目與力量便隨之轉變了。所以別人說什麼，倒好解決，你心裡被勾出的情緒，那才棘手。這時，你便面臨一個重要的抉擇：繼續小我的思維方式？還是聖靈的思維方式？

　　小我的思維方式是要對方為你的苦負責，他必須為自己的行為付出代價，你的苦才可能減輕一點。這一邏輯，你用了一輩子，從來沒有善了過，不是嗎？這還不打緊，它真正的殺傷力隱藏在後頭呢！你若認定對方必須為他的言行負責，言下之意，你也必須為你從小到大每一個錯誤付出代價！這就是為什麼，開始時你氣的是那位老師，結果呢？怎麼開始恨起自己來了呢？Aha！這正是小我最狠的地方，原來，它真正要整的不是別人，它要修理的是你，還特別喜歡選你「春風得意」的時刻，Kaboom！讓你摔個四腳朝天，還冷冷地對你說：「別以為你修得多好，也不瞧瞧自己的德行！」

　　因此，真正需要寬恕的，不是傷害你的人，而是你對自己始終的不滿，而這兩者其實是內在相連的同一回事，所以《奇蹟課程》才說，你唯有寬恕別人，才可能寬恕自己。

　　但我們要寬恕時，常感到「不甘心」，因為「不公平」。小我的公平是「我不快樂，你也別想好過」，聖靈的公平則是「不論我們內心多麼害怕，外表盡幹些傻事，我們都配重新得到平安幸福的」。**寬恕是化解一切錯誤與隨之而來的痛苦的秘方，它不是可有可無的美德；你若想活得安心，除了寬恕，沒有第二條路可以走。唯有不斷練習放過那些「好似」對不起你的人，你才能一點一點地鬆綁你始終無法放過自己的那條繩子。**

　　這回，你終於看到「你心裡一直放不下老師的那幾句話」，和「你無法原諒自己發怒」兩者之間的關聯性了。我無意幫你的老師說話，因為他「根本不存在」（我知道這種說法，真會讓初學者抓狂，我只能這樣解釋，你眼中的「他」與我眼中的「他」判若兩人，都是我們根據個人的「小我接收系統」而投射出的形象，與真正的他根本是兩回事），我關心的是此刻受自己的看法所折磨的你，我只是在此提出另一種看這件事的可能，希望能夠為你排解一點抗拒而已。

　　你何不回想一下，當初是什麼因素，讓你在眾多學派中選擇「光的課程」的？不正因「光的冥想」能很快地帶給你某種覺受，而讓你有一點成就感嗎？在佛教內也有類似的傾向，修行人對於氣功拙火的興趣遠遠大於「心法」，但師父在傳授功法時，會比傳心法要謹慎多了。因為潛意識的小我若沒清理好，原本可能無傷大雅的「覺受」，很快就會被潛意識變相為「見神見鬼」的特異功能了。

　　這些年來，你四處參學，享盡心靈百匯（buffet，吃到飽），雖然嚐遍天下美味，你似乎沒有真正吃進去，一離開餐館，很快又餓了，於是再去另一家餐館，終日見你忙進忙出，挺辛苦的。也許聖靈看到你的時候到了，借用你老師給你臨門一腳；你若真有慧根，這一腳就足以把你踢上心靈的正道上。

　　不論你將來主修哪一門，一路上所發出的每個正念，每個奇蹟，莫忘你老師今日的一腳之恩，不論他自己知道與否，他都是你的「救（慧）命恩人」。

　　最後，我還得重複提醒，別以為你這回演了什麼了不起的「大戲」，這種戲碼，我們每天都在輪流上演，每天也都在觀摩。這回輪到你上台，其實是聖靈給了我們台下的人一個寬恕自己以前所演「爛戲」的機會。如今你戲已經演完了，可以謝幕了，別再流連在戲臺上，走下來接受我們的獻花：「多謝你為我們演了這麼辛苦的一場戲！」

生氣時能否不失「正念」？

問：《奇蹟課程》說過，憤怒是沒有藉口的，因它都是出於自己的投射。這觀念若運用在現實生活上，便顯得有點兒不實際。例如：你在為學校趕一個很重要的計畫，必須在一個小時內完成；有個人跑來干擾你的工作，起先，你還有選擇的餘地，以一種合情合理的方式應付他，但如果這個人不識相，繼續打擾，你是否可以生氣地斥責他而仍然不失你的「正念」？

答：這個問題問得很好。有位耶魯教授曾說：他的研究工作常常受到學生的干擾，為此而挫折不已，直到有一天他忽然明白了，「被干擾」原來就是他的工作本分。這句話，我想，對我們忙碌的負責人，是一記醒鐘。

但我們仍可在此提出幾個原則供你參考。

這問題的解答，端看你是怎麼看自己的工作以及你認為怎樣才算是善用了這一小時而定。你要自己訂定工作與時間的目的？還是讓聖靈或你的心靈導師來為你訂立？要知道，

你這一個小時的工作，有很多可能性：也許這工作並不需要
一個小時，也許這個工作根本沒有必要去作，也許打擾你的
人遠比這工作更重要，也許這個工作確實等待你來完成，也
許這個人更需要你的寬恕。

你認為生命的意義是什麼？工作的意義是什麼？時間的
意義又是什麼？這些信念在這一刻會決定什麼才是你最合適
的反應。如果你在這工作本身之外又賦予了個人種種心理需
求，例如擔心失去這份工作，或是想要贏得同事的敬重，這
些情緒自然會讓你看不見眼前事情的真相。

我們總認為寬恕需要具體的行動，其實更重要的是你的
心態。當你好似陷入不論怎麼作都無法討好的兩難窘境時，
生命的信念便會敲醒你，讓你明白，這事絕非偶然，其中必
有你和那人需要「共修」的課程，**你如何調整心態遠比解決
問題更為迫切。**

最好的應對方式，便是進入你的心靈深處，以你自己特
有的方式默默求助：「你看，我手中這個要命的計畫快趕不
出來了，而身邊這個人又死纏著不放。我真的願意把他當作弟
兄，而不想把他當成存心找碴的麻煩，聖靈，你幫個忙吧！」

只要你先確定了自己的目標，決心在不傷害對方的前提
下完成手中的工作，你必會靈光一閃，找到一個權宜辦法的。

　　這就是奇蹟。奇蹟不是外在突然發生了什麼神奇變化，讓這難題迎刃而解；而是「你」轉變了心態，接納了眼前的困境，同時承認自己「不知道」該怎麼作。這是你最坦誠的表達，也是最合乎真理實相的處理方式。不論我們自以為對日常問題以及周遭人物了解得多麼透徹，其實我們真的「不知道」對方在想什麼，他們需要什麼。然而，我們心中有一個「更高的智慧源頭」，祂知道，只要我們不再自恃聰明，某種直覺或靈感便會引導我們做出最自然的反應了。

　　自己的心態一經調整，我們便已完成了該學的課程，問題本身便不重要了，解決辦法也不重要了。人生不是來解決問題的，而是由問題中學習，從中增長智慧。可惜在世俗中混太久以後，常把問題本末倒置，找不到真正的解決辦法。

憤怒，說到究竟，
都是針對自己而發的，
與外在人事無關。

想要寬恕，卻又難撫怨氣

問： 你上回提到憤怒，我確實感受到自己心中壓抑了某種無法宣洩的怒氣，以至於沒事時，我通常可以過得相當平靜；但一個小小的突發事件，便能讓這憤怒爆發得難以收拾。我明知自己需要寬恕，但通常得掙扎個好幾天，才能從這坑裡爬出來。這是不是因為自己的傲氣而讓我這麼難以撫平這個憤怒？

答： 未必是驕傲，更可能是因為憤怒能夠帶給小我某種滿足感，讓你感到自己的委屈終於有了一個索償的機會。即使這種「扯平」的意願，讓雙方都活在地獄裡，但小我寧願受苦，也要出這一口氣才肯罷休。是這種出一口怨氣的快感，讓我們「樂」此不疲的。

我們明知憤怒是最具破壞性，也是最愚蠢的處理事情的方式，但我們不能不承認，這是小我最拿手的伎倆。所以要化解憤怒，除了一些願心以外，還需一些智慧、一些鍛鍊才行。

　　讓我先由最實際的「鍛鍊」說起，就是「現實評估」（reality check）。憤怒下面需要足夠的理由當作柴火才燃燒得起來。小我會從你的記憶中調出所有值得生氣的資料，不論這些資料與眼前的事件相關與否，它都能自由聯想，任意扭曲，而硬套在眼前的事件上。例如：你可能因為老婆的嘮叨而大發雷霆。顯然，你氣的不只是她嫌你沒把碗洗乾淨而已，你氣的是她的不體貼，不尊重；於是你一天的勞累，辦公室裡不順心的事，甚至小時候對父母的不滿全部出籠了。

　　「現實評估」就是張開眼睛，看一看此時此地肉眼所及的範圍內，值得你如此生氣的因素究竟有多少。你不難發現，你此刻憤怒的程度與眼前的現實兩者實在兜不攏，你把千里以外、半生以前的帳都算在這件小事上了。你一旦有勇氣面對這一事實，便很難繼續氣得那麼理直氣壯；就在怒氣稍歇的空隙中，你才有「重新選擇」的機會。

　　一回到「重新選擇」這個老主題，我們觸及了一個更深的問題：憤怒的反面是平安，憤怒會帶給你快感，平安能給你什麼呢？你真的願把平安當成自己的首要考量，寧願放棄那「出一口氣」的快感嗎？至少，在我個人的修行過程中，我並沒有把平安的重要性置於一切價值之上。雖然我修行最初的動機原是追求心靈的平安，但上路之後，我的注意力轉移了，轉向「功德」、「境界」、「成就」、「意義」，

終日汲汲營營，精進奮鬥，而忘了我當初想要的，只是一個心安而已。讀了《奇蹟課程》這麼多年，慚愧得很，我一直沒有意識到這個基本抉擇的重要性。

經過幾年的磨練，我才了解，人間只是一個提供我們學習的「虛擬」道場，在現實生活的層面，我選擇伴侶，選擇工作，整天在冬瓜或西瓜之間選來選去。其實，不論我選什麼，甚至選對了沒有，都不重要，重要的是，這些無關緊要的選擇透露了我內心真正珍惜的價值。當你憤怒時，你其實已經做了一個基本的價值判斷了：「不論這件事多麼微不足道，也比我心中的平靜更重要，我非要跟他追個水落石出，討個公道不可。」

這種觀念不改的話，憤怒不只是你所選擇的一種處世態度，慢慢地，它變成你的習性，甚至代表你整個人了。

因此《奇蹟課程》把人生許多複雜的抉擇變成「二選一」的單純問題，在每一件事情前，都先問一下自己：「我究竟要平安，還是要爭這個？」「我究竟要證明自己是對的？還是要讓自己快樂？」在你嘗試處理自己「愛生氣」的脾氣以前，你得先把自己想要幸福與平安的前提擺穩，才可能作出對自己有益的反應。否則，不論別人教你什麼「克服憤怒技巧」，都是白搭，因為衝突出現時，你想要化解憤怒的動機，通常抵不過「你想出一口氣」的快感。

最後，我們把平安的抉擇說得那麼「嚴重」，千萬不要以為平安是遙不可及、高不可攀的境界；平安是我們本來擁有的「天賦」，只要我們不再繼續用錯誤的想法來騷擾自己，我們「原本」就是平安的。你無需去「修」個平安，但它需要你有意識地「選擇」它，你才可能經驗到平安。

問：可是，心理學主張我們在化解自己的傷痛或憤怒以前，需要把憤怒發洩出來，才可能治癒。

答：這正顯示了心理學與靈修的分野。心理學比較偏重「止小兒啼」，而靈修著眼的是徹底的根治。

發洩憤怒，聽起來好似我上回所說的「開放水庫的閘門」，確實也能夠紓發一時的水壓，然而，當你在宣洩時，看到衝出的污水，你會給自己何種評價？面對自己的藏污納垢，你怎能不自責、不內疚？怒氣發完以後，你不僅沒有提昇，反而退守你與小我的聯盟。

當然，你心裡若有很深的創痛而壓不下憤怒時，憤怒自然會像一頭張牙舞爪的猛獸，逼著你去面對。心理學會教你許多解壓的技巧，但《奇蹟課程》卻要你去注意，這股令你窒息的壓力究竟是怎麼形成的，你一旦知道它真正的起因以後，便不難看出，你除了壓抑或發洩以外，還有第三種選擇。

　　《奇蹟課程》用的智慧的解法，讓你看到事情背後的真相，重新做個「現實評估」。若用我上面提到的「氣老婆嘮叨」的例子便可看出，他的憤怒其實不是針對洗碗或嘮叨而發的，只因那些指控激起了「自己永遠不夠好」的無價值感，才會明知是件小事，仍嚥不下這一口氣。

　　「現實評估」能夠幫你看清：憤怒，說到究竟，都是針對自己而發的，與外在人事無關。這個發現能保持你神智的清明，讓你重新看清眼前的真相，然後以最健康的方式去處理它。

　　只要你不再對小我的那一套說詞言聽計從，其實，回到平安之境並不是那麼困難的選擇。你一旦體會到了，平靜的心情是你真正想要的生活，你就不會為任何理由而輕易地犧牲了這一顆原本平安的心了。

追尋自我是自私的表現嗎？

問：我大半生好像都在為別人而活，從小到大，忙著當好學生，好女兒，好妻子，好母親，好職員，爭取別人的認可。有時雖忙得好像挺充實的，內心其實更加空虛與不安。經過這幾年新時代的薰陶，我突然醒悟到，凡事都應該為自己而做，我才可能活得有力，做得快樂。我試著不再那麼顧慮他人的期待或反應，我先生卻說這是自私，修行人怎麼可以愈修愈自私？我也有一點懷疑，這種心態是否合乎《奇蹟課程》的理念？

答：你先生的質問確實值得深思。新時代所流行的口頭禪：「我是完美的」，「只為自己而活」，「不再犧牲，追隨喜悅」，「沒有對錯，只須為自己負責」等等，常會給人一種無「法」無「天」的印象。他們開口閉口都是如何「心想事成」，如何「美夢成真」，這對於一向標榜「犧牲小我，完成大我」的衛道人士，確實顯得過於自我中心了一點。

　　新時代，乃是為了扭轉舊時代「吃人禮教」而逐漸形成的新思潮，若缺乏一些基本的自省功夫，是有可能走向另一個極端。幸好，新時代思潮中仍不乏深度的靈修書籍，不斷地把我們「自我中心」（self-center）的傾向由小我中心（ego-center）領向真我或自性的中心（Self-center）。

　　你可知道，在《奇蹟課程》的觀念裡，除了你以外，根本沒有所謂的「別人」，因為整個大千世界都是你的心靈幻化出來的，真正存在的，唯有你這個作夢的「夢者」。因此，整套課程其實是針對你一人說的，它要拯救的，既不是世界，也不是你的所愛至親，它只想要把你從噩夢中喚醒而已。

　　外在的人物與世界原來都是繞著你的心念在轉的道具與舞台。若用小我的眼睛看去，身邊的一切都像是來跟你討債的，人生也只是一場走向死亡幻滅的荒謬劇。但若接受《奇蹟課程》的詮釋，你面對的卻是一個有情又有趣的道場，它教你如何寬恕自己受傷的心理所投射出來的「別人」，由此而寬恕了自己；它教你如何透視別人不完美的表象，認出上天創造他的本來面目，如此，你才可能悟見自己的圓滿真相。

　　所以，一切都是為你而設的，你若抓不到生活的要領而陷入自己投射的假相裡，世界無異於人間地獄；你若在人間學會這一套透視假相的本領，世界便成了你邁向天堂之路。

　　由此可知，**不論你敢不敢活得「自我中心」，你本來就是世界的中心，甚至還是世界的主人，它的價值與意義全繫於你的一念**，問題在於你活出來的，究竟是小我，還是真實的自我？

　　那麼，這跟傳統「犧牲小我，完成大我」的說法又有何不同？傳統的小我指的是自己，而大我卻是一個抽象的「別人」。心理學發現，犧牲小我未必有益於他人，因為犧牲會勾起小我與生俱來的「受害情結」，在潛意識裡，它一定會設法由他處尋求彌補的。

　　犧牲的目標與自己的生存利益相隔愈遠，愈不容易激發我們的生命潛能，會讓人活得疲乏無力。耕別人的田地與耕自己的田地，為別人賺錢與為自己賺錢，兩者會帶給人截然不同的心情。歷史已經為我們證明了，極權國家不論如何洗腦，仍然很難消除人類自私的傾向；而資本主義卻能利用人類的自私而彼此競爭，相互制衡，製造出一時的繁榮。

　　《奇蹟課程》看得出，我們在世上苟延殘喘，已經活得夠委屈了，若再叫他犧牲，只會加深他的壓抑，逼迫他投射，更何況，「為別人而活」本身就是一個迷思（myth）。

　　「別人」原是我們不敢單獨面對生命問題而投射出來的。每個人都想透過與他人的「獨特關係」來遮掩人生的孤單與自我的缺陷；每個人也都希望「對方犧牲小我」來成全自

己，打著愛的名義予取予求。倘若不能如願，就會舉起仁義道德的大旗，加以批判攻擊。比較高明的攻擊方式就是讓對方感到愧疚而不得不做，最笨的方式就是施以辱罵與暴力，人間的親密關係，常常活在這兩種模式的陰影下。

《奇蹟課程》實現自我的途徑，則是「寬恕小我，活出真我」。它讓我們明白，小我差強人意的表現，不過是受驚的孩子所做的幼稚反應，它真正想要表達的，只是一種渴求愛與尊重的求助呼籲而已。因此，「為自己負責」的方法，就是牽起小我的手而邁向真我。

也許你的先生會抗議：「那麼，別人呢？就不管他們的死活了嗎？」因為在他的人生觀裡，不只有你有他，而且是對立的存在：你得，他便失；你多，他就少；你若追求幸福，他必得付出某些代價。而你這些年來所學的新人生觀，恰恰相反：唯有你找到幸福，他才可能幸福；你若犧牲，他也不可能安寧。因為夫妻之間不只在心靈層次，連在身體的層次，都是聲息互通的。你心內的怨忿不除，他也不會有好日子過的。

因此，我敢說，只要你繼續學習「寬恕」，就可以明目張膽地「為自己」活下去。**一個懂得寬恕自己的心靈，必然柔軟；一顆柔軟的心，怎會聽不見對方的心聲？**也許在現實層面上，基於著眼點的不同，你們還會有所爭執，但你已經與他的「高層意識」開始連接了，因為心靈是沒有邊界的。

7

何以不能直接寬恕自己？

問：為什麼我們必須寬恕他人，才能寬恕自己？為什麼我們
不能直接愛惜自己，直接寬恕自己？

答：我可以體會到你內心微妙的抗拒，終日活在「責任」陰
影下的我們，好不容易盼到了新時代的「愛惜自己」及「自
我釋放」的喜訊，以為好日子就要來臨了，沒想到《奇蹟課
程》竟然又丟給我們一個「先寬恕別人」的大包袱。

　　如果我們真能寬恕自己，當然不必繞這一趟遠路，然而
，心理學告訴我們，我們有許多情緒埋藏得很深，不是我們
的理智意識所能覺察的。其中最深的一種就是「自我憎恨」
（self-hatred）。

　　這也難怪，如果我們真如許多宗教所說的，是一種靈性
的存在，本來完美無缺，卻眼見自己陷入一具脆弱的身體內
，盡做一些連自己都不想看的小動作，不論背後有什麼堂皇
的理由，私下難免會有「自己應該比這更好才對」的愧疚。

　　「真實的自我」與「現實的自我」之間的差距，會使我們極端嫌惡自己，這種「自我憎恨」的心態，是小我不願面對的，故把它深埋在潛意識下，為此，我們才會常常不明所以地做出自我傷害或自我懲罰的傻事。

　　在成長過程中，我們必會經歷「心理治療」與「靈性成長」兩種不同的階段。心理治療通常只能暫時止痛，卻治不了病根，病根都藏在心靈的層面，所以要徹底治癒，必須整合心理與心靈兩者才行。

　　我並不反對一生只為家庭而活的婦女，在學習「自我實現」的初期，去買幾件高級洋裝，在家裡為自己設立一個小茶室，或每週約幾個知心朋友去喝個高級下午茶。它們確實能夠紓解一點內心的壓抑，但絕對碰不到潛意識裡「自我憎恨」的情結的。她回到家後，很可能會感到自己瞎混了大半天，有點兒過意不去，趕緊把家裡收拾收拾。或是打開紙袋，看到那昂貴的洋裝，在幾分得逞的快感下，分明夾雜著幾絲刺刺的罪惡感。我們便明瞭了，追求自我滿足未必解決得了「自己不好」或「自己不配」的感受，到頭來，我們還是得去面對「自我厭惡」這一心結。

　　因此，不是我們不可以先寬恕自己，而是我們不知道該如何寬恕自己，因為我們能想出的，常是自己的委屈及不得已的苦衷，所看到的都是對方的缺失與過錯，只覺得自己值

得同情，根本找不出有什麼需要寬恕自己的。

《奇蹟課程》就在這裡跨越過心理學。它輕輕提醒我們，他人對我們的無情，其實是我們心理的投射，反映出的乃是我們對自己的無情。所以我們必須寬恕他人無情的「假相」，才能治癒我們對自己無情的「真相」。

不知你是否看過琥碧戈柏主演的一部老片子「紫色姊妹花」？敘述一對黑人姊妹的遭遇，其中有一幕滑稽的演出，姊姊粗暴兇狠的丈夫有一天竟然把他最崇拜的女歌星帶回家來，親自伺候得無微不至，唯唯諾諾，乖得像個龜孫子一般。這兩個女人後來結為好友，奇怪的是，那位男主人在這兩位女性的描繪下，竟然判若兩人。究竟哪一個才是真的？

都不是真的。所以才有寬恕的可能。

《奇蹟課程》的寬恕具有「非個人」（non-personal）的特質，它不是針對某人的某種性格、某個言行或某種感受而發的，因為每個人所呈現出來的形象常常因人而異，因時因地而異，變化無常，若一一追究下去，一輩子也寬恕不完。但「他」為什麼會在「我」面前呈現這一副形象？這一反問，便成了我自己解脫的關鍵，因對方對我的態度恰恰反映出我是如何看待自己的，這時，我們就需要寬恕來幫自己解圍了。

外表上，我們好似在寬恕他的不當言行，事實上，我們在寬恕之際，根本就是在化解自己平素不斷加給自己負面訊息的殺傷力。例如：當我們感到配偶不尊重自己時，轉變的方法不是怨怪對方，而是先寬恕過去自己對自己的不尊重，不再譴責自己過去所犯的錯誤，在「無咎」的心態下，試著學習尊重自己，讓自己最好的一面自然呈現出來，久而久之，別人自然不敢輕視你了。

寬恕自己還會帶給我們另一個副產品：我們若開始接受自己的陰暗面，知道它並無實質，只是一個錯誤的負面想法而已，不再大驚小怪，它就施展不出任何控制我們的力量了，那麼我們也很容易寬恕別人的錯誤反應，甚至覺得那根本沒有什麼好寬恕的。於是，「寬恕自己」與「寬恕別人」就變成了同一回事，我們會以一種新的眼光去看身邊不順心的事件，感謝它不斷給我們機會看清自己「百害不侵」的神聖本質。

接納現狀，是不思進取？

問：一周前我在一個心理俱樂部講了《奇蹟課程》濃縮的五句話以及寬恕、無條件的愛、接納自己、待人如己等等理念，自己把它們銜接成了一篇美文，迴響很好，但坦白說很多人沒聽懂。有人反駁說：「對自己嚴苛一點，生活就會對自己寬容一點」；「接納自己的現狀，是不思進取」。我承認自己解答疑義的功力不夠，我知道這兩種觀點一定在某個層面是相通的，只是答不上來。我講完後有朋友主動幫我解釋無條件的愛，結果也不甚了了。

答：我很佩服你只上了兩天的課，就能定下心來自修這部課程，若非對靈性有一定的認知，是很難消化它那終極又絕對的理念的。因為這部課程與世俗運作原則的基本信念正好背道而馳，而這，正是別人聽不懂你的分享的真正原因。

從理論層次來講，你朋友的反駁並不難答覆。「對自己嚴苛一點，生活就會對自己寬容一點」，問題在於，對自己嚴苛的人，即使生活對他寬容，他也不容許自己去享受這份

寬容的。

在社會中，有不少腰纏萬貫的人始終難以安心享受他的富裕，終日害怕失去自己擁有的一切，而繼續打拼下去。他不知道，雖然貧困的過去給了他奮鬥的力量，而貧困的恐懼卻也讓他無法安享奮鬥來的富裕。即使開賓士、住華廈、刷卡千萬也不眨個眼，其實他內心和貧窮時一樣害怕，他知道這個富貴來得容易也去得容易。

至於「接納自己的現狀，好像不思進取」的說法，也不過重申了俗世「愛拼才會贏」的人生信念，很少人繼續追問下去，我最後究竟「贏」了什麼？一把鈔票、一點名聲，與活得平安幸福是兩碼子事。但對於窮了一個世紀而且窮怕了的人來講，我們這樣的反問顯得十分空泛，他們極其需要看得到且抓得住的實物，來填塞那恐懼匱乏的無底深淵。原本只想活得無憂無慮的那個單純夢想，反而成了一種奢求了。

《奇蹟課程》談的是「心靈的歷程」，跟我們如何在人間奮鬥，毫不相干。它並不反對我們在人間追逐功名利祿，反正，不論成功或失敗，最後都是一場夢；美夢也好，噩夢也好，夢醒之後全歸虛無。這部《課程》真正關切的是，這個作夢的人在夢裡忙了一輩子，心靈是否提昇或轉化了，否則同樣的戲碼不斷重複，對珍貴的生命來講，是何等的悲哀與無奈。

　　「接納現狀」乃是心靈旅程的第一步，並非最後的目標，但因這一小步與俗世標榜的價值好似有所矛盾，很容易引起聽眾的反感，深恐「接納現狀」會讓人失去鬥志。其實「接納現狀」代表一種 EQ（Emotional quotient），你聽過西方近年來最流行的術語吧，台灣好像翻譯成「情緒商數」，即心理情緒的成熟度。它強調人們必須先具備了接納現狀的能力，自己的潛力才能發揮最大的效果。

　　就以你最關切的親子關係為例，天下父母心，那個不望子成龍？怎能不按照社會所制訂的標準來塑造自己的孩子？有多少父母能夠懷著尊重的心去了解孩子自己的喜好、能力與夢想，放下自己的期待，與他一起摸索「他」想要成為的人。許多父母省吃儉用地只為了提供孩子最好的教育，不惜將他送到昂貴無比的鋼琴班、技藝班，結果孩子寧願躲在網咖裡混日子。父母的焦慮與關愛並沒有贏回兒女的愛，我們常常痛心地看到那些孩子對陌生人都比對待父母要好得多。

　　「接納兒女的現狀」需要相當的智慧與勇氣，無法接納自己的父母，是很難接納兒女或別人的現狀的，他永遠都會由「問題」的角度去看兒女的選擇，而他的一生自然也會陷於「無法解決」或「解決不完」的問題中。

　　我相信許多為人父母者聽到這裡一定會抗議：怎麼能夠眼見自己的孩子往火坑裡跳而不攔阻的？問題是，你攔得住

嗎？我們常在報章電視上看到年輕人走上絕路的那一刻，都不肯跟父母透露他內心的苦，最後留了一封不明不白的遺書，讓父母悔恨一生，不知自己作錯了什麼！

即使在職場中，也是同樣的道理，你必須先接納現狀才能看清應變之道。不能接受現狀的人，常在「受害情結」的慫恿下，作出情緒性的反彈（react），而不是真正的作為（act）。

我說過，這些問題在理論上並不難了解，但你在分享這些觀點時，所面臨的挑戰不是個人的無知，而是整個中國意識層次上的障礙。中國經歷了一個世紀的戰亂貧困，如今正面對百年以來的經濟榮景，舉國上下追逐聲色物欲的享受，想要用最高的大廈、最先進的游泳池，與西方國家一較高下。這種彌補性的反彈現象，是可以諒解的。但我們也不能不承認，歐美國家已經經歷過民主與富裕，已有不少先知先覺的人士，逐漸看清權力與物質享受的虛幻，他們開始重視個人的尊嚴、關懷第三世界、追求儉樸生活等等，真正的進步即顯現於人民的思想與人格素質。

兩年前，我在河南演講時，故意選擇一些比較生活化的主題：「成功與幸福是兩條不同的道路」。原理其實很簡單：成功需要外界的肯定，當我的存在價值一旦取決於外人的看法時，就不可能活得安心自在。而幸福是一種內在的感受

，完全取決於自己。因此，這兩條路雖然不相矛盾，甚至也可能交會，只因用心與著力點全然不同，在起步時，若看不清兩者的微妙差別，將來的道路可能咫尺天涯。

會後有一位聽眾很斯文地指正我說，成功與幸福是可能並行與並存的。我知道，不是他聽不懂我的理論，而是心理上的抗拒。他們辛苦了大半輩子，如今總算有了成功出頭的機會，我這一說，好似剝奪了他們追求成功的「權利」。我立刻誠懇地祝福他將來活得既成功又幸福。

你看到了嗎？不是你的朋友智力不足而聽不懂你這一套理念，是因絕大部分的中國人，心理上還在彌補物質需求，需要外在的成就來獲得外界的肯定，我們此刻不該用靈性的高標準來批判他們，掃人興致，否則，我們不也犯了「不接受現狀」的錯誤了嗎？

我衷心相信，人類的生命源自靈性，等中國人吃膩了魚翅牛排，玩遍了名勝美景之後，自會回到心中去探尋生命的真相。

然而，對你，我卻有所期許，你既然已經先他們一步聽「懂」了《奇蹟課程》的訊息，希望你能繼續深入研讀〈正文〉，不要輕易以為自己已經懂了，這一部書所揭發的是潛意識裡深藏不露的「自衛系統」，要清理那個幽暗世界，需要不斷地實驗與歷練，不必急著傳播給別人。當你真正把握

住「寬恕」的精髓時，中國民族的意識發展可能也準備好進入靈性階段了。

9

與人相處時的孤獨感和虛假感

───────◆───────

問：你在一個答客問中寫道：《奇蹟課程》的「速成法」就是誠心地在讀書會裡、公司裡、家庭裡，和一群「牛鬼蛇神」打混，修修自己的寬恕與接納，而不是找靈感、知識或境界，那都是騙人的幌子。

　　我的問題是：我在團體中常會有不被接納或者像個「局外人」的感覺，不論是在共修或在學校；而在我男朋友家裡，在我爸那裡，在自己家裡，我也常會有一種我是「外人」的莫名感受，這些感覺讓我很不舒服。如果我試著和大家笑笑鬧鬧打成一片，等我離開現場之後，剩下的是一陣襲上心頭莫名的空虛感，感覺到好像剛剛的一切都沒什麼意義，覺得自己好累好假，大家也都是好假好假。

答：你提到在團體裡的「孤獨感」，其實是我們每一個人（小我）在團體中常有的感覺。

　　《奇蹟課程》常說，恐懼與愛是無法並存的，當我們對別人還有期待與戒心時，愛就退隱下去了。在一個陌生團體

中或是愛恨交織的家族關係裡，我們有心的關懷常被一種無名的「憂」與「懼」扭曲得難以辨認，難怪彼此都會覺得對方好虛假。

我們通常只意識到自己在團體中的緊張以及希望在團體中與人打成一片的用心，而不易看出別人的「虛假」回應之下也是同樣的緊張，同樣渴望得到你的認同。當我們在人前勉力演出一部「緊張的戲」以後，就以為自己已經表達愛心了，為什麼別人都看不出來，也沒有回應？毫不自覺，自己對別人演出的緊張戲碼一樣感覺不到關懷之意，還覺得別人好像冷漠無情。

我過去曾在答客問中提到這個問題：當我們感覺不到愛（不論是人的愛或神的愛），真正的原因是：我們沒有給出愛。再向前推一步，我們給不出愛，因為我們「以為」自己沒有，希望先找到別人的愛，自己才能「以愛還愛」。也有些好人或修行人，明知自己沒有愛，卻勉強地去愛，硬塞給人一堆「甜言蜜語」，便以為自己盡責了，卻沒有收到相稱的回報，感覺到自己的善意被辜負了。

我們進入團體時，若懷著「有所求卻唯恐不得」的恐懼而去參加，那麼我們一定會在團體中看到別人果然「吝於給愛」的「樣子」。這是《奇蹟課程》顛倒傳統的「因果觀」之看法：得不到，與他人無關，只顯示出自己還沒有真正地

給出而已。

真相是，如果我們沒有試著先給出愛，便無法在外境中看到「自己的愛」的倒影，自然會顯得「別人沒有愛」；如果我們感覺自己沒有愛卻勉強去愛，一定會感到心虛，自然會投射為別人的虛假。這是《奇蹟課程》所強調的「壓抑與投射」的原理。不知我這樣解釋，會不會太抽象了。

續問：確實有一點抽象。《奇蹟課程》不是要我接納現況嗎？我感到不被愛，又如何「試著」給出愛呢？這樣試著給出的愛不也會很假嗎？到底我要怎麼做，給出的愛才算是出自內心的？我也願意給出，但不知怎麼個給法才算具體？難道要我勉強關心別人嗎？可是我明明內心不舒服呀！

咦，會不會我對愛產生了誤解？會不會「愛」根本與別人無關？也許寬恕自己就是愛的表現？我寬恕我那假假的感覺，並收回我對團體的負面投射，那我是否已在愛中了？是不是這樣啊？愈講愈糊塗了。

續答：你先前的反問，顯然是根據小我的感覺與邏輯而發的。它說你沒有愛，你就相信自己沒有愛，把你以前出自愛心的一切好事，全部忘光了。而你後來的一聲「咦」，靈性的光明突然照亮了你的心，你在自己每天一點點的寬恕裡，看到了愛的蹤跡。

　　《奇蹟課程》一再說，那些感覺自己沒有愛，只是一個觀念、想法，只是一團黑雲、陰影，你若不相信它，它一點控制你的能力都沒有。所以〈學員練習手冊〉根本不理小我的那一套，直接告訴你：你有這些能力的，你只要肯相信我的話，別再相信小我說的那一套，你一定「愛」得出來的。

　　《奇蹟課程》花很多時間，讓你認清小我的拿手伎倆，不是要你把它當真，誤以為它好厲害，而是教你認出它的虛幻。不論你勉力寬恕別人也好，寬恕自己也好，最終還是要看出，你認為要寬恕的那個東西，「根本不算什麼東西」，它們都抵不住你與他「原本的好」。

　　你所謂「收回負面的投射」，可能需要澄清一下，希望你不是「打死」那個負面的想法，而是看出那是個可聽可不聽的「幻音」，你必須看出它的虛幻，那麼當下「空」出來的那個地方，原本的「好」才可能出現。如果你把負面的想法「打死」，橫屍在那裡，你心中只是徒增一個垃圾，愛與光明更缺乏現身的空間了。

　　所以愛與光明不是修出來的，而是本來就在那裡，只是等著你的「慧見」把堆在那兒的垃圾清空。如果你一時看不出它的虛無，也不必那麼辛苦地硬撐了，趕快求助吧！讓祂幫你給出愛。祂始終陪在我們身邊，我們卻常忘了去牽一下祂的手，孤苦伶仃地垂著頭獨行。

　　最後，讓我教你一招賴皮的方法：當我對我先生失去耐心，快要發飆時，我趕緊把這爛攤子丟給聖靈：「嘿，我的耐心已經用完了，我也顧不得自己的愛是真的還是假的，把你的耐心借我用一用吧！你敢不借我，後果由你負責！」然後，我把髒話留給小我在心裡暗罵一番，先讓它出一口怨氣，但讓聖靈替我開口（或是教我閉口）。祂通常會由我腦後比較寬容的背景裡現身，讓我看到彼此真的很努力在做了（do our best），而放我們兩人一條生路。

10

愛情值得追求嗎？

———————◆———————

問：〈練習手冊〉的一句話「不要害怕愛，只有它能治療一切悲傷……它才能重獲自由」令我困惑。以前不願惹麻煩，刻意迴避愛；練習至此，為了不怕愛，試著解開鎖鏈，去追求愛，結果愛了半天，對方毫無回應，好失望，感到軟弱無力。愛，好像並沒有像書上所說的，帶給我自由，反而難以自拔，我到底哪裡搞錯了？

答：人間的愛情與真愛是兩碼子事，我曾在《創造奇蹟的課程》的〈人間的愛恨交響曲〉一文裡，對這種「特殊的愛」做過不少的解釋。但你的迷惑，再次提供了一個很具體的實例，供我們反省，容我在此借題發揮一下。

《奇蹟課程》所談的「愛」是最高的本體境界，如果你聽過我的演講，我常在那本來圓滿的本體一欄上寫道：God＝Self＝Oneness＝Peace＝Love，都是大寫的字體，表示有別於gods, self, uniqueness, harmony and love。但請不要以為那一體大愛的真我境界必須等到死後或悟道才可能抵達

，它們此時此刻都在你內，只是被囚禁在你故意遺忘的一角而已。真神被囚在你心中的偶像裡頭，讓你不斷把完美的渴望投射在偶像身上；真我被囚禁在小我之下，使你功成名就之後，仍然若有所失；一體性被囚在你的獨特性下，當你飛黃騰達時，仍會孤單害怕；大愛被囚禁在你的情愛下，當你把愛限制於某一種形式或某人身上時，會變得患得患失。

為什麼世俗上的成功、幸福與肯定，仍會帶來如此嚴重的後遺症？這不過證明了我們冥冥中知道自己是Self, One, Love, 以至於眼前擁有的 self, uniqueness, love, 不僅未能滿足我們，還會引起更深層的焦慮，你以前可曾冷眼旁觀戀愛中的朋友終日「神經兮兮，小題大作，反應過度」而暗自竊笑？

究竟是什麼橫梗在大愛與情愛之間，讓我們嚐不到愛情所許諾的甜蜜呢？就是小我的妄見在作祟，它引發出內疚、恐懼、自衛、攻擊，讓我們經驗不到真愛。讓我畫個圖表來解釋一下：

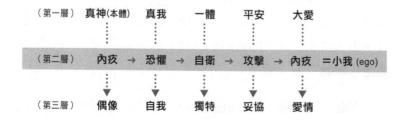

　　人間的問題大都出現於第三層上。一般人總以為「修行」乃是糾正第三層的錯誤，或把第三層的心態轉變或提昇為第一層的境界。《奇蹟課程》卻指出，第一層的境界，是你與生俱來的生命本質，無須你勞心。第三層則是活在肉體與世界中人的自衛反應，是一既成的事實，你也無能為力。你若硬想改變這一「現實」，很容易演變成心理學所謂的「投射」與「壓抑」。若只在現實表象上下功夫，不僅解決不了問題，還可能把問題搞得複雜不堪，曖昧不明。

　　就以愛情為例，我們的本質既然是愛（原屬於第一層），沒有愛，我們根本活不下去，必然會四處尋找替代品（而落入第三層）。有些人追求事業之愛，有些人追求男女愛情，這一層的抉擇，常讓人進退維谷。因為逃避愛，會讓你的生活空虛乏味；追求愛，又讓你失望受傷，人生問題一落入這一層面，就成了無解的公案。

　　你問：「到底哪裡搞錯了？」問題常隱藏於圖表中的第二層，亦即小我的「罪─咎─懼」三部曲。整部課程都在幫你越過小我設置的防衛措施。《奇蹟課程》指出，就是「認定自己不配」、「覺得自己不夠好」的心理，使你經驗不到愛，與人產生隔閡，即使追求到愛，那種愛也因內疚與恐懼而走味變質了。

　　在此，我不能不再次強調操練〈學員練習手冊〉的重要

，它會幫你解除小我的黑箱作業。每一課都在幫你認清自己的可愛與珍貴，逐漸取代小我的自衛；它教你如何利用人際衝突來學習寬恕自己，如何利用男歡女愛來釋放那被你囚禁已久的真愛……。

至此，你大概已經明白了，問題不在於該不該戀愛，或是怎樣才能找到所愛，你本身就是一團永燃不熄的愛火，所以你才會不由自主地受愛所吸引。你這一段愛情是否成功，並不重要，只要你抓對了方向，任何人際經驗都能幫你翱翔於愛情戰場之上。我相信〈學員練習手冊〉與《寬恕十二招》可以提供你足夠的點子，幫你紓解自己的心牢，讓真愛自然流露。在這一次的交往中，即使你只表達了百分之二十的愛，百分之八十仍陷於情緒的陰影下，你仍可以開香檳慶祝你的「戀愛有成」了！

愛的本身具有治癒與釋放的力量，你之所以會感到愛得「不自由」，可能是因為你把愛的焦點放在對方的回應上，而非愛的本身。我相信你練習至今，已經鍛鍊出一些「轉念」的功力了，設法把焦點扭轉回來，承認自己很在意這一份愛情，看到自己如何嘗試著解開愛的心障。那麼，這一段愛情便成了一場穩賺不賠的人生歷練。

世間最大的力量就是愛，當你的「真愛」能突破自己的心防，破繭而出時，沒有一個人能逃出你愛的「魔」掌的。

11

特殊的愛

問：我看完了《課程》第十六章〈寬恕的幻相〉，有很多內容我不明白，甚至很排斥。比如：愛的「特殊關係」存心將愛帶入分裂之境；愛的特殊關係不過顯示出你企圖把愛帶入恐懼中；愛的特殊關係是小我最矜自喜的禮物，對那些不願放下罪咎的人尤具吸引力；每個特殊關係中都隱藏著「人是卑微的」這個信念；特殊關係所表達的中心思想是：上主必須死亡，如此你才能生存，等等。

有些內容我倒也明白，問題在於，我就是小我。我離婚了，我父母給了我很大的幫助，這份特殊關係我很珍惜，我想找個彼此相愛的男人結婚，我不要一個人過。但《奇蹟課程》這樣評價特殊關係，弄得我很不安。

您知道嗎，接觸《奇蹟課程》以前，我的生活裡有很多恐懼，學了之後很多方面都想開了，明白了不少道理，讓我安心很多，《奇蹟課程》是我的安心法門，可這一章我轉不過彎來，請您再抽時間解答，謝謝！

答：你可真是誤上賊船了。《奇蹟課程》確實不是一本談愛、談光明、談圓滿境界的書籍，你若想看光明喜樂的書，新時代書櫃上俯拾皆是；《奇蹟課程》可是鐵了心腸，要為我們揭露那讓我們飽受輪迴之苦的小我面目。但小我的那一套信念藏在雲深不知處的潛意識下，我們只能從它投射出來的陰影來探測它的蹤跡；而小我最喜歡將自己的內疚與恐懼投射到它所愛的人身上，也就是「特殊關係」。

陌生的人會有利益衝突之刻，只有相愛過的人才會恨之入骨，且恨到不惜同歸於盡的地步。

《奇蹟課程》一直講到第十五章，才開始進入「特殊關係」的主題，而且一口氣用了四章，將近一百頁的篇幅，從不同的角度反覆解說人間的愛恨關係（而且故意講得很抽象），就是擔心會「嚇」到我們。因為愛是我們最深的渴望，也是小我操控我們最厲害的秘密武器。你感到的疑惑與不安，乃是正常的反應，也表示你真的讀懂了它要說的，小我感受到了威脅，準備揭竿起義了。

我已經在《創造奇蹟的課程》對「特殊關係」做了一番深入的解釋，但為了幫你解除此刻的疑惑，讓我再簡要地解說一下，希望有所幫助。

　　你原是一個圓滿無缺的生命，曾經為了建立自己獨特的價值，作了一個錯誤的選擇，感覺上失落了原有的完美無缺，而陷入孤立與恐懼。你的內疚如此之深，不敢回頭，而「爆發」（Big Bang）出一個大千世界，從此轉向人間尋找彌補你誤以為失落的寶貝。

> 來到此世的人，沒有人不懷著希望，也許是某種
> 揮之不去的幻覺，也許是夢想在他自身之外，有
> 個東西會帶給他快樂與平安。（T-29.VII.2:1）

　　這個需求迫使世上每個人都在追逐一種親密關係，也就是《奇蹟課程》所謂的「特殊的愛」。不論是誰，只要能夠答覆我內心的需求，便成了我的至愛，如果我也能答覆對方的需求，這一關係便是「天作之合」。在天作之合的關係中，兩個小我簽了一個秘密協定：「只要你繼續彌補我的需求，讓我不再感到匱乏、恐懼與內疚，我就會以愛還報，滿足你的特殊需求，也讓你不再承受內心的煎熬。但你若變了心，不再扮演你當初接受的角色，不再履行我賦予你的任務，那你可慘了，我是絕對不會放過你的。」

　　就這樣，在冠冕堂皇的「愛」的協定下，兩個小我使出渾身解數，用罪惡感來脅迫對方就範（quilt trip），這種充滿了利用與控制的愛，必然是佔有的，排外的，活在隨時會失落它的恐懼中。它還會加深自己的內疚，因為我們心裡有

數，自己正在不擇手段地利用對方來滿足自己的需求。

　　至此，你不難了解，為什麼親密關係常是愛恨交織的，不僅如此，它「必然會」轉變成恨。其中的道理，正反映出「心理輔導學」中一個很重要的原則：「依存關係必導致彼此的污衊」（Dependency breeds contempt），一語道破了相互依賴的親密關係的癥結所在。

　　不論我們把自己的愛形容成海枯石爛或永世不渝，其實，這種發自匱乏與需求的愛，是非常不具人性的（impersonal），隨時翻臉不認人。只要能夠滿足我的需求，我根本不在乎對方是一個人，或是一隻狗，或是讓人上癮的菸酒或迷藥。在美國，許多人離婚三四次以後，對婚姻已經絕望，改而畜養寵物，繼續與貓狗建立特殊的愛。

　　因此，你希望這一生能找到真愛，就跟飢餓的身體需要食物那般自然，《奇蹟課程》不僅不禁止我們追求愛，反而鼓勵我們在「逐愛」的人間遊戲中繼續學習，只要我們肯讓聖靈進入這一關係，我們就有希望將「特殊之愛」轉化為「神聖關係」，真正享受到愛的祝福。

　　從此開始，你的人生少了一層「自欺」與「偽裝」，多了一層「誠實」與「自覺」。這樣，一旦對方辜負了你的期待，你不會再罵得那麼義正詞嚴，只是誠實地向對方表明自己的需要，於是埋怨與操控，立即轉變為「求助的呼喚」。

你知道嗎？當我們不再用罪惡感來操控別人時，我們身邊的人都會樂於相助的。我們不僅不會失落愛，反而能夠更深地感受到愛的祝福。

　　繼續去追逐你心中的愛吧，只是一路上別忘了隨時向祂請教「什麼是真愛」。即使你作錯了選擇，反正只是夢一場，夢中的血淚也傷不到真實的你，你最多只需看清自己作繭自縛的行為，輕輕一笑：「我怎麼盡幹這些傻事！」就讓它過去。

　　　寬恕只是寧靜的，一無所作……它只是觀看、等
　　　待、不判斷。（W-II.─.4:1,3）

　　心裡一旦有了這一份自覺，又少了一份自責，你以後比較容易作出更好的選擇，不會重蹈覆轍，找回一個修理你的冤家了。

　　最後，我希望你在研讀《奇蹟課程》中，已經體會出，它在呈現真理時，雖然鐵口直斷，毫不妥協，但它為我們指出的回家途徑卻是非常溫和仁慈的。它在第三十章談到「作決定的原則」時，特別提醒你：「不要與你自己交戰！」（Do not fight yourself），因為你愈打壓小我，它便顯得愈強壯真實。你不妨以「止小兒啼」的心態照料它，但採用聖靈的眼光，「只是觀看、等待、不判斷」，一切便會水到渠成。

天譴與罪罰的陰影，遠在理性發展以前
就已存在於人類的潛意識裡。

12

我一點都感覺不到有任何罪或咎

問：你曾說過，人際關係的問題歸根究柢是來自天人分裂，
也就是與神分裂，由此而產生的罪咎云云。這些觀點對我這
種沒有宗教信仰的人，顯得有一點強詞奪理，至少我不覺得
對老天有什麼罪咎。「神」也只是一種概念而已。

答：正因「神」是一種概念，所以可以透過各種象徵或隱喻
來表達，《奇蹟課程》只是用基督教的象徵或術語來表達人
心所畏懼的某種超自然力量而已。

　　原始人類雖然沒有「一神」的觀念，卻也不乏「自然崇
拜」，拜山神，拜雷神，拜龍王，山川鳥獸無所不拜，形成
「圖騰崇拜」。這充分顯示出，人類在面對生死存亡時，感
受到的威脅絕不限於有形的天災人禍而已，他會覺得冥冥中
有個更大的「黑手」在幕後操作，而且那是有意志與企圖的
，絕不是偶然事件。

　　最不可思議的是，散居地球各處的原始人類不約而同地
發展出犧牲與祭祀的儀式，在他們簡單質樸的心靈中，直覺

到唯有痛苦才能撫平那超自然的怒氣。你也許會說，「那是原始人的無知」。正因「無知」，才更顯示出人心的自然傾向。他們全憑直覺與本能反應，自行摸索出一套天人的交易原則，一套以受苦或流血才能換取安全的自救措施。這種好似出自本能的傾向，不也反映出：天譴與罪罰的陰影，遠在理性發展以前就已存在於人類的潛意識裡。

如今科技發展到足以複製人類了，我們這一代從小就被灌輸「人定勝天」的觀念。這個觀念絲毫沒有否定「天」的力量，那隻「黑手」仍在那兒，只是人類已經發展出一套與它抗衡的辦法而已。在理性發展與生存能力方面，人類的進步確實不可同日而語了，而這進步的動力還是為了與「天」一較高下，讓這一具脆弱的身軀得以存活下去。

不論你是無神論者或是虔誠的教徒，都迴避不了這個形上的問題，只是各人賦予的名稱有所不同而已。當你終日為生計奔波時，不知你會不會偶爾生出「命苦」之嘆；面對不成器的子女，曾否暗自傷神：「我究竟造了什麼孽？」即使是否認「神」的存在主義者，也會在荒謬的人生中，向天舉起他的拳頭，他在向誰抗議呢？不向命運低頭，命運又代表誰呢？不都是指向生活背後那無形的「黑手」麼？

人類為了抵制天災人禍，逐漸進化，構成了今日的文明。不妨反觀一下人類的生活，我們每天所忙的，哪一件事不

是為了「防患於未然」（defense against）？防禦什麼？我們也說不清楚，只知背後有個操控生死的隱形黑手。所以《奇蹟課程》說，世界的基礎即是 defense against God，不論你把這個「神」字，改為自然、老天或命運，全是同一回事。

那麼，我們不能不追問，為什麼我們天生就得防衛自己？因為害怕。為什麼害怕？因為不論我們多麼努力，心底下永遠藏著「我有問題」、「我不夠好」、「我會遭到某種懲罰」的潛藏信念。這就是人類與生俱來的「罪咎感」，不論你信不信神，人心中每一念都蒙在某種「因果」或「天譴」的陰影下。《奇蹟課程》不過是把人生千奇百怪的問題，窮追不捨，最後揪出這個元兇，然後在這一層次，給予我們一個終極答覆：「別傻了，你還是上主所創造的那個完美無缺的你，沒有人傷害得了你，也沒有人能剝奪你的幸福，放下你的武器，別再責怪自己，也別再攻擊別人，你就會由這瘋狂的夢境中清醒過來的。」

何以如此強調罪咎的問題？

問：新時代努力推翻宗教所強調的「人是有罪的」觀念，為什麼《奇蹟課程》卻如此強調「罪咎」的問題，好似更加肯定了罪的存在，這不是與新時代的精神背道而馳嗎？

答：我記得你好像問過這一問題了。也許那時我以為這是不說自明的，等你讀懂《奇蹟課程》以後，這種誤解會自然消解，故沒有多作解釋。既然你再度提起，我也確實聽到有一些新時代讀者發出類似的疑問，不妨藉此機會，把這問題徹底澄清一下吧！

事實與你擔心的恰好相反。你不需要讀整本書，只要翻個幾章，便不難發現，每當「罪」（sin）字出現時，《奇蹟課程》不是直接否定它的存在，就是間接修正小我死抓著它不放的錯誤。

> 上主之子能夠犯錯，能欺騙自己，甚至會行使心靈的能力而與自己為敵。但他無法犯罪。不論他做什麼，都不可能改變他的實相，也不可能使自

己真的變成有罪。（T-19.II.3:1~3）

還有什麼比這句話否定得更徹底的？然而，縱使人在神的眼中，依舊純潔無罪，並沒有取消小我根深柢固的「罪咎」心態（guilt）。反之，「執著於罪」已經變成了小我的人生信條，它的一切自衛措施都是建立在這虛幻不實的前提上的。

> 在小我所有嚴陣以待的堡壘中，沒有一塊基石比認為罪是真實的這一觀念受到更嚴密的保護了；這觀念乃是上主之子把自己重新改造後的自然結果，這就成了他的真相。對小我而言，這不是什麼錯誤。因這是它的現實，……是他的過去，現在及未來。（T-19.II.7:1~4）

guilt 一般人翻譯成內疚，我因「疚」最終是源自於「罪」的觀念，所以我把guilt翻譯成「罪咎」。近幾年來，我發現，中國人都不否定「內疚」的存在，卻對「罪」字感到陌生與抗拒，我至今仍然猶豫未決，是否應把「罪咎」改譯為「內疚」或「內咎」。

不論是罪咎也好，內疚也好，它是人類與生俱來對自己最深的感受：我是不圓滿且有缺憾的（There is something wrong with me）。

因此，罪的問題，在理論上並不難解決，神說：「你無罪」，我們就無罪了。然而，這一句話雖已撤除了「罪」的存在基礎，卻無法撤除人類心中的「咎」，因為我們願意如何看自己，乃是我們的選擇。

讓我再用聖經中「浪子回頭」的故事來做個比喻，作父親的知道孩子對外面的花花世界感到好奇而離家出走，並沒有責怪他，也沒有派人去找他，因為他知道倦鳥會知返的。但這並不足以消除這個浪子揮霍了家產而流浪他鄉的愧疚，他認定父親會跟他算舊帳，因此再苦也要在他鄉混出個名堂，才敢回家。

我們只需想一想，佛教徒不惜輪迴百千萬劫，不正是要把自己修得「有頭有臉地像個樣兒」才敢奢望涅槃嗎？有多少人真的相信不需要苦修，就能放下屠刀、立地成佛？這顯示了人心中的「咎」有多深，有多大！那麼，你就會諒解《奇蹟課程》為什麼這般婆婆媽媽地講了一千兩百頁，不過是為了提醒這個浪子：「你沒有罪，也不必內疚了，接受我的愛，回家吧！」

有趣的是，即使聽了一千兩百遍，在潛意識裡，我們依舊像福音描述的那一位浪子，一路上喃喃有詞地唸著：「父親，我對不起天，也對不起你，我不配作你的兒子，你就把我當作你的長工吧！」

　　你看到了嗎？人類內在「不堪」的感覺，並沒有因為神的一句「你無罪」而失去了它的魔力。《奇蹟課程》指出，罪咎對小我有「致命的吸引力」，整個世界都是繞著「我們不夠好」這個感覺而運轉的，我們甚至可以說，整個人類文明都是「我得防患於未然」的念頭推動出來的「美麗幻相」。人們一旦接受了「我無罪」的觀念，那麼小我的整套防禦措施豈不都被否定了？我們個體的存在與奮鬥還有意義嗎？難怪小我得使出渾身解數，抵制這個觀念。

　　我們的每個念頭，每個行動是這樣被「懼」與「咎」控制著，豈是幾句「我是光」、「我是愛」，就能扭轉得過來的？這就難怪《奇蹟課程》要一天一課地日日叮嚀了，每天學習一點奇蹟心念，遲早會恍然大悟：原來自己真的不差！

　　如果這些話還無法說服你，你只需要再念幾次《奇蹟課程》的「招牌」句子，便不難寬恕《奇蹟課程》老愛強調罪咎的「罪」了：

　　「你仍是上主所創造的你」，你怎麼可能有罪？

　　「分裂不曾發生過」，你從何有罪？

　　「你什麼也不需要做」，正因你根本沒罪！

為何我感受不到上天的愛？

問：《奇蹟課程》一再提到「上主之愛」，我卻絲毫感受不到，怎麼辦？

答：你的問題觸到了我們每個人心裡的痛處。會來到這娑婆世界的人，多多少少都帶了一些「遭人遺棄」與「無人了解」的心結，才會孤伶伶地在人間奮鬥。

奮鬥中的人，很難體會得出上天仁慈的一面，難怪佛陀一再用輪迴之苦來警告我們，因為輪迴不只是換一換人物場景而已，它本身就帶有每況愈下的墮力。人間的悲劇莫過於一個缺乏愛的人，偏偏生在一個極端缺乏愛的環境中，一生都在以「非常」的手段去索取愛，使得這個愛逐漸變質為怒與恨。

如何扭轉這一每況愈下的趨勢？〈學員練習手冊〉第225課給了我們一個簡單的答覆：若要感受到祂的愛，必須學習以愛還愛。

任何腦筋清楚的人，都會大聲抗議：「我就是感受不到愛，才渴望祂的愛啊！如果我心中有愛，就不會這麼迫切地尋找了！」這是人間的邏輯：你感受不到愛，證明你沒有愛。《奇蹟課程》徹底推翻這一論點，它說：你怎麼看你自己，或是感覺自己如何，跟真實的你一點關係都沒有；真實的你，比你心目中的你要好得太多了。

你確實擁有完美無缺的愛，只因長久壓抑的心靈創傷而忘了自己的寶藏。如何憶起自己的寶藏？唯一的辦法就是「去愛」，沒有第二條路可走。唯有親自去愛，你才可能知道自己確實有愛，不待外求。所以它說：

> 天父，我必須回報祢對我的聖愛，因為施與受是
> 同一回事，而且祢已經將所有的愛賜給了我。我
> 必須回報，只因我願全面意識到這聖愛屬我所有
> ……。（W-225.1:1~2）

然而，愛那無形無相的生命主宰，畢竟太抽象了，即使是虔誠的信徒，透過各種儀式來加深對神的愛，也未必感受得到。因此，《奇蹟課程》把修練的焦點由「對神的愛」轉向「弟兄之愛」。

當你說「我感受不到上主之愛」時，其實，你真正想說的是：「我感受不到別人的愛。」其實，你最終想說的是：「我感受不到愛！」

「世界相信，若要擁有一樣東西，必須緊抓著不放」(W-159.1:5)。我相信你早已試過人間各種方法了，從配偶、兒女或朋友身上去索取心中欠缺的愛，結果如何？覺得更貧乏無助，不是嗎？

《奇蹟課程》教我們反其道而行：給予出去，是體認自己已經擁有的途徑 (W-159)。換句話說，**當我們感受不到愛時，正是我們「不愛」的時刻，與別人愛不愛我們，沒有直接的關聯**。是我們對他人的評斷，或是說不出口的怨，或是「干我何事」的心態，把弟兄推出了心外。猛然回首，才發覺自己也跟著落單了。

自從我們賦予自己一具身體之後，隨時都活在「泥菩薩過江，自身難保」的窘境，「愛別人」絕不是我們的自然傾向。我們打著「愛」的招牌，終日在人間尋找獵物，建立親密關係，為自己打造一座安全堡壘，結果卻把自己鎖入塔中了。這種作繭自縛的傾向，正是娑婆世界引人下墮的力量。

因此，讓自己心中本有的大愛現身，並非一件「順水推舟」的易事，常得承受「小我之死」的痛。「不愛」是自然，「愛」才需要真功夫。我們若讓小我「自然而率性地去活」的話，結果，大家都落單了。

不過有一點，我們可以放心，因為我們的本質是愛，「

愛」是不會放過我們的，它會藉著種種途徑，也許是自己的
渴望，也許是別人的需要，不斷地在我們心口上敲門，直到
我們開門讓它進來為止。

因此，不論你感覺不到上天之愛，或親友之愛，或是自
愛，追根究柢，都是出自「心中無愛」這個發現，唯有勇敢
地承認自己「不愛」的事實，才有可能扭轉娑婆世界的「下
墮趨勢」。而這一「自誠」的功夫，即是靈修的開始。

例如：當我們面對現實生活裡的任何一個人，看出自己
「心中無愛」時，不妨追問下去：「為什麼我愛不出來？」
只要問題一問對了，答案自然水落石出。

「原來我怕受到傷害。」
「為什麼會怕這個親密伴侶或萍水相逢的人傷害我？」
「我知道自己不夠好，別人不會喜歡我的。」
「別人真的存心傷害你嗎？」
「我只知道自己曾經受過傷害。」
「原來，你現在的害怕只是根據過去的經驗，未必是眼
前的事實。」

很快的，我們會看到讓自己愛不出來的「天大障礙」，
竟是一個過去的記憶，一個虛幻的感覺，一種習慣的想法。
一旦看破了這隻紙老虎，用不著大動干戈，它就潰不成軍了。

　　障礙一除，原本就在你心中的愛，立刻泉湧而出。此刻，你切莫自作聰明地努力去愛；讓「愛」來引導你，它會教你該以何種形式與力道出現的。

　　這個過程口說無益，必須在現實生活中實際操練，具體去經驗，我們才可能了解《奇蹟課程》開宗明義第一頁所說的：

> 本課程的宗旨並非教你愛的真諦，因為那是無法傳授的。它旨在清除所有妨礙你體驗到愛的障礙；愛是你與生俱來的稟賦。（T-Intro.1:6~7）

小我不是一個實體，也沒有生命，
它只是一套觀念，一種心態而已。

小我是否成了我們的代罪羔羊？

問：我們把什麼都怪到小我的頭上，小我好像成了我們的代罪羔羊，不是嗎？

答：……什麼是「代罪羔羊」？表示它是冤枉的，我們把它沒有做的事情歸咎於它。然而，我們並沒有冤枉小我，它確實是一切問題的禍端。

可能是因為你把小我當成一個有感覺的主體，或是把它與「自我」混為一談了，開始惺惺相惜起來。其實，小我不是一個實體，也沒有生命，它只是一套觀念，一種心態而已。它呼風喚雨的本領純是仗著你不知不覺中肯定它的看法時所賦予它的能力；它之所以活得有模有樣，也是你自願讓它代你出面的。

你才是生命的主體，是圓滿生命的流露，擁有無限的智慧，那你怎會跟它沆瀣一氣呢？讓我用大家熟悉的微軟視窗打個比喻吧！你本來擁有一部功能無限的電腦，你對它的無限功能充滿了好奇，像孩子一般，擠捏敲打他的玩具，東拆

西湊地試探它的限度，Ooooops，內部的線路搞亂了，啟動了急救措施，進入「安全運作模式」，只容你開啟極小部分的資訊與功能。

其實，你的電腦原有自動修復的功能，但你擔心會挨老爸的罵，不敢找他幫忙，只好將錯就錯地在「安全模式」下面運作，不只處處受限，連你儲存的資訊都被攪亂了，還得隨時面臨當機的威脅。

不論你有多麼好的構想，在它有限的功能下，呈現出來的常是夾雜著一堆亂碼的圖像，顯示不出你本來想要表達的內容。於是你只好靠自己的本事來猜測、解釋或連線，重組這個破碎的畫面。這種肖似電腦中毒的狀態，可說是「小我」的最佳寫照了（也許我該把小我稱之為「小我意識」，那就更清楚了，你就不至於把它當成一個可憐的「人」而為它打抱不平了）。

透過小我意識所看到的人生，好似由一個破洞裡所窺見的世界，你在那小孔中，只會看到一個人影突然走進你的視線內，又突然消失了蹤影，你不知道它來自何處，又去到何方，你只能猜測，假定，然後編一個你能夠接受的道理出來。

因此，活在小我意識中的人，由於看不到整體的真相，缺乏宏觀的智慧，佛教稱之為「無明」。人類在無明狀態下所做的判斷，所發的行動，不可能不落入《奇蹟課程》所謂

的「神智不清」（insane）的狀態。

　　我們這樣分析小我，不是批判，或打落水狗，而是呈現事情的真相。《奇蹟課程》一再安慰我們說：**不必害怕小我。它是靠你的心靈而存在的，既然你能因著相信它而造出了它，你也同樣可以收回信心而將它驅逐。**

　　小我原是nothing，它之所以變成something，是假借我們賦予它的力量，它的存在全靠我們對它的認同。所以《奇蹟課程》才一反新時代的作風，花了許多筆墨為我們揭露「小我」的伎倆與遺害，打破我們對小我所懷的一些神秘幻想。如果我們還一味同情它，護衛者它，甚至美化它，只會增長「無明」的勢力，讓我們更難看見自己原本的全善與能力了。

16

為何不直接否定負面的想法？

━━━━━━━━◆━━━━━━━━

問：你曾說：「不要老想用光明與愛心的積極想法來取代恐
懼或憤怒等消極念頭，那樣，你只會製造內心更大的衝突而
已。」這說法令我大惑不解，新時代不是說「境由心造」、
「心想事成」，不斷提醒我們除去負面的思想，代之以光明
與愛嗎？請解疑。

答：只要你高興，你就盡量去用樂觀積極的想法來肯定自己
或安撫自己吧！但你必須誠實地反問自己：它究竟有沒有用
？你的問題真的迎刃而解了嗎？還是讓你更加焦慮，內心好
像有兩股勢力在交鋒，深恐壓下去的恐懼隨時會「敗部復活
」。例如：當我們力求向上，拼命想要壓制小我的狐狸尾巴
時，是否會想起「別人」的奇蹟經驗而更氣自己的不爭氣？

　　不要因為新時代說「心想事成」，你就相信；也不要因
為我的質疑而放棄你的法寶。你只能根據自己的經驗來評估
：那些積極正面的想法真的徹底轉變了你的心態、改善了你
的人際關係嗎？

　　新時代的讀者喜歡把世界想成玫瑰園，而不願去面對世間的醜惡與自己內在的陰影，其實我們愈想逃避它，它就愈顯得恐怖而且真實。心理學有一句名言：「你愈抗拒的，它愈陰魂不散。」（What you resist, persists.）

　　當你發現自己在氣某人時，若趕緊轉用寬恕或愛心的念頭去壓制，結果只有兩種可能：一是你成功地把怒氣壓下去了，另一種可能是，你根本壓不下那股怨氣而更恨自己沒有修養。

　　從心理學的角度來講，壓不下去而把那個情緒發洩出來，對你還可能比較健康，因為你至少意識到它的存在而有了面對它的機會，說不定，這回你真能找出發怒後面的真正原因呢！如果「不幸」你壓抑成功了，又會產生兩種後遺症：一是，你雖然可以暫時忘卻它的存在，但壓抑下去的負面情緒會潛逃到你的身體裡面，形成生理或心理的病變。其次，你把怒氣投射到其他「不完美的人」身上，於是，你一面嫉惡如仇，除惡務盡；另一方面又追求完美，老想把自己改造成另一種人。這些心情，我想，對你我都不陌生吧！

　　壓抑負面的情緒或逃避自己的陰影，無法解決人生的問題；唯有勇敢地面對它，試著了解它，接納它，認清它虛幻的面目，才能由內解除它的負面能量。我們若一看到自己的陰影，轉身就逃，或蓋上一塊美麗的花布，哪有機會認出它

的虛假面目？我們都知道，一個未經清理的傷口，遲早會化膿而污透傷口上的膠布的；一面潮濕的牆壁，不論糊上多麼美麗的壁紙，不消幾天，就會剝落下來。

《奇蹟課程》的原則是，你必須穿越小我的陰森「假象」，看出那個問題並非你想像中那麼可怕，它也控制不了你，那麼，問題就已經解決一大半了。所以《奇蹟課程》用了很多的篇幅，餵養我們「百害不侵」的觀念，讓我們先找出自己真正的力量所在，再領著我們一步一步地去認識小我的詭計。還不時叮嚀我們緊緊牽住祂的手，祂知道，這不是一條康莊大道，我們會在這一條路上跌得鼻青眼腫的。

《寬恕十二招》的作者 Paul Ferrini 曾把人間比做「萬聖節」。那一天，滿街上都是「牛頭馬面」，家家戶戶裝扮得陰森鬼怪，然而，老老少少仍然能夠快快樂樂地度過這一節日。這比喻極好，來到娑婆世界的人，都以為失落了自己的完美面目，不能不在人間「裝神弄鬼」。我們哪一個人不是活得神經兮兮的？知道自己神經有問題的人，病情還不算嚴重；真正嚴重的，還是那些不知道自己有病卻一口咬定別人都是瘋子的人。

只要我們知道，光明黑暗也好，聖賢惡煞也好，都是我們的夢中幻影，我們便能一起以慶祝萬聖節的遊戲心情，迎向這個熱鬧有趣、變化多端的人生了！

在一雙寬恕的慧眼下，
你所到之處，就叫作「瑞士」。

17
怎麼做才能去到「瑞士天堂」？

問：我們內在那個完美自性究竟是什麼東西？是不是凡與自性相違的「念頭」，都會讓我們在世上活得很不快樂？

答：自性即是真實的你，是你生命的起點，也是終點，你從來不曾離開過它。它不只是你的家鄉，它根本就是你的生命實相。因此，你若違反你的真實本性而活，一定會帶來衝突的痛苦。這絕不是上天的懲罰，應說是人類最幸運的宿命論。因為我們既是上天的完美創造，只要比這境界「低一點」或「少一點」的經驗，都會令我們感到「不對勁」而坐立不安，然而，這種感覺確保了我們不可能永遠沈淪下去，也是我們必然得救的保證。

續問：我不懂什麼「完美的創造」，我只知道，我的生活似乎受到無數念頭、無數情緒的影響，經年累月地「輪迴」不斷……。對我而言，這是活生生的事實。那個「完美的創造」？我無法體會。譬如說，我沒到過瑞士，形容得再好再美再多，不如帶我走一趟吧！或者告訴我「如何去」吧！

答：誰告訴你瑞士是個好地方？為什麼你不想待在台灣？你既然道聽塗說地認定瑞士像天堂，而嫌棄自己所在的台灣，那何不參加旅行團出去遊覽一下呢？問題是，不論那兒多麼美麗，一般遊子待不了多久就開始想家了。

你已看出了問題所在嗎？台灣與瑞士都存在你的心念裡，你對台灣的印象是根據自己的經驗，對瑞士的嚮往是根據別人的經驗，兩種經驗都屬於主觀、片面且變化無常的感受。

我們既然生存於物質世界中，每個心念都會轉為某種現實，台灣這一現實環境代表了你破碎的夢，瑞士則代表你未來的夢。起初，你不會輕易相信上述說法的，一定會興沖沖地參加各種旅遊團，去探訪旅遊廣告裡的美景，你會由一個名勝轉到另一個名勝，風塵僕僕，當過眼的美景在你疲憊的眼中一一幻滅以後，你才會若有所悟：所謂名勝，不過爾爾。那時，你便開始懷念自己的家鄉了。

回到家裡，一桌一椅是如此親切，一草一木都顯得春意盎然，原來「春在枝頭已十分了」。

問：從世界地圖上我知道，台灣與瑞士距離何止千百里！更從世界風情錄上得知，瑞士的環境及生活條件遠比台灣好，但我還是不知道如何前往。你能否告訴我「如何去」瑞士，而不要老是潑冷水，說我還在台灣？

答：台灣與瑞士根本就是同一個地方！在你急著想溜到瑞士以前，最好先捫心自問一下，你怎麼會把瑞士搞成台灣了？你若不找出原因，即使去到天堂，天堂也會變成台灣的。

你既然對於人生旅程這麼認真，我們就一起來看看，怎樣才能去瑞士。

一般來講有兩種途徑：你若堅持「時空」的真實性，那就必須按照世俗的方式按圖索驥，一處一處地向前摸索；你若採取靈性的途徑，則必須打破這橫向的時空觀念而直接進入當下。

你若認定瑞士真的在地球的那一端，你就得藉助於計程車、遊覽車、飛機和郵輪等等，踏過八千里路雲和月以後，才會發現瑞士正在「燈火闌珊處」。

如果你是所謂的「老靈」，一部書、一句話，就能勾起你對家鄉的記憶，而立即回頭的。這一回頭，可不是一站一站地按原路折回，而是「直飛」回家，因為我們的真正家鄉是沒有時空距離的。

《奇蹟課程》所提供的「直飛」路線，就是：不要老想改變世界，而應改變你對世界的看法。它一課一課地為我們指出，「台灣是幻，瑞士也是幻」，然後帶我們看到「瑞士就在台灣底下」，教我們學習往自己「裡面」看去，而不要

老往外面去找。最後我們自會領悟出「原來瑞士就是台灣」的真相，只要撤除自己心裡投射在台灣的嫌惡眼光，就不難看到瑞士的祥和風光了。

你此刻「有家歸不得」的感覺，可能是因為你仍然在用台灣人的心態建構瑞士的夢土，才會覺得遙遙無期。你應知，那無形無相的淨土豈是你用手爬，用腳走，用腦子想，所能到達的？但你似乎一直在使用小我在時空中所形成的思考邏輯，來追求那超乎時空與邏輯的靈性境界。

問：你是說，我可以把「台灣」變「瑞士」，或者把「臺灣」當作「瑞士」？唉！想得出，但做不到！

答：別耍賴了！這是小我最愛的藉口。《奇蹟課程》曾說，百千萬劫以來，這麼痛苦的輪迴課程，你們都練得如此駕輕就熟；回家的課程簡單多了，你們卻推說學不會。這是不為也，非不能也。

此外，你還需要留意一點：小我用它自己的方式，費了百千萬劫才打造出這樣一個人間，它自然會嚇唬你：「你也需要百千萬劫的時間，才爬得出紅塵苦海。」事實不然，幾乎每個宗教都會給你一個「當下即是」、「立地成佛」的捷徑，就看你肯不肯相信而已。

問：這種道理，究竟要如何體悟，而不僅僅是頭腦的知見？

答：台灣也好，瑞士也好，推到究竟，都是由人類最初的「無明一念」（a little mad idea）如滾雪球一般建造出來的。根據佛洛伊德的心理分析，小我無法承受這個「自作孽，不可活」的事實，而轉用壓抑與遺忘的伎倆，把問題的癥結埋藏在潛意識與物質世界下面。所以若想從理念上去逆轉這一「失樂園」的軌跡，你根本不知道從何處下手。

《奇蹟課程》道理寫得極抽象，方法其實是很具體的，它教我們從小我最切身的兩個問題下手：一是身體，二是人際關係。

身體若生病了，就不要再談什麼明心見性，何不專心找出康復的辦法？你若感受不到愛，那就少談慈悲大愛，老老實實地找出究竟是什麼把愛擋到外面去了。

人類幾千年的文明，一直都在探討類似的問題，也提出許多具體的建議。用各種醫藥來照顧身體，用心理分析或溝通技巧來改善人際關係。如果維他命或心理輔導能夠解決問題的話，我大概不會介紹朋友修這本《奇蹟課程》了。《奇蹟課程》的方法是釜底抽薪，所以它絕不是最容易的途徑。

《奇蹟課程》的方法雖然針對身體，同時超越身體；它化解人際關係，同時超越人際關係。因為它是從身體與人際

背後那個形成原因下手的，也就是我們自己對身體與人際關係的「錯誤界定」。在現實生活中，身體與人際關係上的問題，不過影射出我們對自己的惡劣評價。那才是真正的問題之源。

由生到死，身體與人際關係提供了永遠處理不完的問題，我們便有了用之不盡的機會來改寫自己的人生劇本。

當你不再用舊的眼光或過去的經驗來評斷眼前的世界時，你便會發覺，台灣並非你想像中的醜陋，瑞士也未必如你夢想中的美好，在一雙寬恕的慧眼下，你所到之處，就叫作「瑞士」。

什麼是神秘的力量？

問：我最近跑去接觸「占星」，原因是想了解「神秘力量」。什麼是神秘的力量？以「占星」的角度來講，念頭的升起是星球的引力作祟，我想知道你們的詮釋，我是很認真問這個問題的喔！

答：原來又是你這小女生，有事沒事愛問一堆問題，最近是否鑽不出牛角尖，想在占星術裡找個出路，證實一切問題原來都是天王星或金牛星所惹的禍，你就心安了？

什麼是神秘力量？不妨回想一下，在你生命的轉折中，有多少因素是你能掌控的？連你自己所做的決定，很多不都是「別無選擇」下的選擇？從生長的家庭到就讀的學校，從結交的朋友到選擇的工作，極少出自你有意識的選擇，你好似隨時得「應觀眾要求」半推半就地發展出現在的你。於是人們就把這說不清的因素稱之為「神秘力量」。

麻煩的是，很少人對這樣誤打誤撞出來的自我感到滿意，甚至對這個形象感到疏離與嫌惡，然後就投射到外面去

，並且開始反撲：對家長不滿，對老師不滿，對社會不滿……。「正常的人」青少年期就開始叛逆，有些人會拖到二三十歲，也有不少循規蹈矩的人，到了五六十歲退休之後才有勇氣去追尋自己的夢想。

　　究竟是什麼因素促成了你我特有的生命經驗與存在形式？古代只能從「神旨」或「命運」中尋求解答；隨著科學的發展，我們找到更多的可能因素：家庭環境、社會文化、潛意識、基因，任君挑選。再加上近年來天文學對宇宙的揭秘，發現星球之間的相互影響，於是，開始流行一句話：The answer is out there！人生的答案愈推愈遠，也愈來愈神秘了。

　　其實，人間事一點也不神秘！不論你把自己的不安或不幸歸咎於童年創傷、政治迫害、身體基因，或是金星土星，其用意至明，你不過在宣告：我無法為自己的遭遇負責，我是某種不可知力量的受害者。父母、伴侶、總統、細胞，甚至遠在天邊的那顆星眨一眨眼，都能左右我的心態與命運。

　　《奇蹟課程》卻這樣答覆你，「你噩夢中那些……荒謬的情節，都是你沈睡中寫出來的」，你的人生遭遇「不過顯示了你寫了一個可怕的劇本，而且被它嚇倒了」。換句話說，你感到背後好似有股操縱著你一生的神秘力量，然而，那個不知名的黑手不是別人，也不是其他星球，而是你的心靈在另一層次為自己寫出的劇本。一個充滿內疚的生命，很

可能選擇一個受虐的家庭，一個憤怒的靈魂可能生在暴力環境裡，如此，才有機會面對自己的憤怒。

《告別娑婆》說：「每個來到娑婆世界的人，潛意識中都冥冥知道將會發生的事，而他們自己選擇了這一命運，就是要給自己一個學習寬恕的機會。」不過這個人生劇本的結局並未寫定（open-ended），它內鍵了多重選擇的功能，不同的選擇都會為你開啟不同的場景，帶出不同的結局。打個比方吧，有天晚上你與家人起了衝突，你通常會冷戰，或是盤算著明天怎麼去對付那傢伙。到了睡前，你突然起了一念，願意寬恕他，第二天早上醒來時，你其實已經進入了另一個人生場景，只因背景人物與昨日無異，所以你絲毫覺察不出，今天的日子與昨天已經是不同的存在層次了。

每個人的戲碼都有「多重選擇」的功能，只要這是你的人生課題，它一定會發生，即使你用占星算命逃過一劫，它還會以其他形式出現的，直到你學會其中的課程為止。因此，擔心將來會發生什麼事情，對你並無好處；你以何種心念面對眼前的問題，才是扭轉命運的契機。

新時代喜歡用占星、水晶、能量、通靈來趨吉避凶或是提昇自己，《奇蹟課程》則教你重新認清問題，看出它是你潛意識的投射，以寬恕來化解它的虛無力量。

　　然而，並不是所有自認為在追求心靈成長的人都已經成熟到願意「為自己的生命負責」的地步，即使是操練多年的奇蹟學員，也不時想要借用一些神秘的外力來美化自己的夢境，在人間胡亂地忙來忙去，始終在小我的「內疚、投射、恐懼」的陷阱中打轉。

　　這並不是什麼罪過，而是實情，奇蹟學員遍佈世界，能不玩花招的，幾希！

19

內在的聲音來自大我？

───────────◆───────────

問：《奇蹟課程》以潛移默化的方式轉變我們深藏不露卻根深柢固的錯誤信念。我們要如何找出藏在潛意識裡面的錯誤信念？我們常常說要聆聽內在的聲音，應如何分辨，何者為聖靈之音？何者為小我的聲音？這是我常感困惑之處。

答：這問題牽涉到了《奇蹟課程》的關鍵理念，不是三言兩語所能講清的，希望你有點兒耐心聽我一步步地分析。你若搞通了這個問題，我敢說，你也掌握了《奇蹟課程》「一以貫之」的要旨了。

聖靈是我們的內在嚮導，代表了自性的心聲，整部〈學員練習手冊〉就是幫助我們與祂「連線」的。學習聆聽自性的聲音，言下之意，就是不再聽從小我的聲音。但這究竟是什麼意思？自性真的有自己的聲音嗎？還是透過我們的正念來傳達？那麼，那究竟算是祂的聲音？還是自己內在的聲音？我們甚至可以問：請求聖靈解答我們的問題，跟一般民間求神問卜又有何不同？

　　首先，讓我們先澄清一點，聖靈不是一個個體生命，祂沒有所謂的「聲音」，祂只是代表一套「正見的思想體系」而已。

　　讓我分三點來討論一下「聆聽聖靈」這一說法背後的意義：

——由自性的層面來講，我們原是純粹的「靈」，而且是同一個「靈」，與聖靈本來就「通」的，無需什麼特殊恩典才能聽到祂的聲音。

——只因我們誤以為已由生命本體分裂出去，落入物質世界，小我基於恐懼心理，投射出了一具「身體」，「在心靈外圍造出一道血肉之牆，將心靈囚禁於那小小的時空範圍內」。是我們自己關起了門，切斷與生命根源的聯繫。

——從此，活在物質形體與環境中的我們，與任何靈性存在的聯繫，都不得不透過某種象徵形式，我們稱之為聖靈。

　　雖然聖靈的答覆永遠只有一個內涵，就是愛，但祂要把這個愛通傳給我們時，常常轉譯為個人所能懂得的語言或所需要的形式。它可能化身為一些鼓勵的話語，一個朋友的安慰，或是一個奇蹟。但萬萬不可把形式與內涵混為一談，更

不可把上主之愛與外在的事物或某種現象之間劃個等號。

《奇蹟課程》一再提醒我們:「**你充滿恐懼這一事實,
使你的心極易落入妄作的陷阱……可能會曲解了近在眼前的
救治現象。又因為自我中心與恐懼常常沆瀣一氣,使你無法
接納真正的救治之源。**」也就是說,心中仍有恐懼與匱乏感
的人,小我的自衛或辯護的聲音一定非常強烈,很容易掩蓋
了聖靈的微語,所以我們聽到的,很可能是小我的渴望而已
。《奇蹟課程》提供給我們一塊試金石:

> 有一個試金石,靈驗有如上主,能驗出你所學的
> 是否真實。如果你內心一無所懼,而你所遇見的
> 人,甚至想起你來的人,都能分享你的圓滿平安
> ,那麼你才能肯定自己所學的必來自上主,而非
> 你自己。若非如此,你心中殘餘的黑暗經驗,不
> 只會傷害及妨礙你,還會波及你身邊的人。
>
> (T-14.XI.5:1~3)

它提出兩個標準來測試我們的決定究竟是出自小我還是
大我(聖靈):一是自己內心的平安與否,二是身邊弟兄對
我們的感受。我們不能不承認,人是很會自欺的,我們懂得
壓抑心中的不安,卻無法長期欺瞞身邊的弟兄。在事情發生
的當下,沒有人能百分之百肯定這事究竟出自小我或大我,
因小我很會虛張聲勢,做得冠冕堂皇,連自己都騙得了。

　　《奇蹟課程》還提供了一個重要的線索，來偵測小我的蹤跡，就是我們對「獨特性」的追求。我們每個人都渴望與眾不同，藉此肯定自己的存在價值。有些人透過金錢，有些人透過權力，有些人則透過修行境界來傲視群倫。

　　凡是自認為「與眾不同」的人，是聽不到聖靈的聲音的，因為在聖靈眼中，一切平等且一體。上主只有一個聖子，我們都是那「唯一聖子」分裂出來的，與身邊的千萬眾生無二無別，不多也不少。愈致力於自己的獨特成就，離實相境界就愈遠。通常都是當我們放下自我的渴望（即使是靈性的渴望）之際，聖靈的智慧便有機會默默透過我們的「一念靈明」，浮現於我們的心中。

　　最後，我可以聽出你問話中的擔憂，害怕自己會作錯選擇。放心吧，只要你能誠實、開放且警醒地請求聖靈的帶領，即使作錯選擇，聽錯聲音，你隨時都可修正的。奇蹟學員最大的福氣即是，不怕犯錯，錯誤恰好逮住了小我的尾巴，給我們一個清理潛意識的機會。這是福氣，而不是詛咒。

20

怎麼分辨怪力亂神和奇蹟？

問：在讀書會中常聽到有人分享自己與神靈互通的經驗，那些神明或高靈甚至會具體地告訴他們，應該做什麼，不要去做什麼，而且非常靈驗。我們怎麼分辨內在的指引是屬於怪力亂神（magic），還是道地的奇蹟（miracle）？

答：《奇蹟課程》一再強調，我們根本不知道什麼才是對自己有益的事，我們的祈求常出自小我的恐懼，對自己或他人很可能百害而無一益。試想一下，祂若真的有求必應的話，我們人類大概都被彼此詛咒死了。

這並不是說，不可祈求任何具體的事物。祈求的內容常能反映出祈求者的心態，我們仍能藉著最具體或庸俗的祈求，學習聆聽聖靈那「唯一而普遍」的答覆。例如：我們可以祈求祂「幫助我們考上大學或找到工作」，祂的答覆永遠是祂永恆不渝的愛，提醒我們「百害不侵」的生命本質。我們若能放下小我患得患失下面的需求，而由祂的愛中看出自己對「失落」的恐懼以及「內疚」的心態，便會逐漸在祂的愛

中得到治癒與平安。人在安心之下，所有的潛能與智慧都會泉湧而出，那麼我們自然知道如何應考或找哪一種工作了。

如果我們問聖靈該買什麼股票，聖靈所能給的仍然是祂的愛與肯定，希望能藉此治癒我們內心的匱乏感與毫無價值的感覺，這一陰影一旦消除以後，我們方能看出什麼才是對自己最有益的選擇。一切發生得如此自然，他人根本看不出有什麼奇蹟之處，以為那是你的智慧。聖靈行事一向是如此低調，祂樂於將一切功勞歸於人。

所以嚴格地講，我們祈禱所得到的有形結果，不論是找到工作或是買對了彩券，並非奇蹟，也不屬於聖靈的職權範圍。那只不過是因為我們接受了祂的救恩，心靈得到治癒以後自己發揮出來的「創造本能」。

由此可知，「求神問卜」與「聆聽聖靈」不同之處，即是前者要求神明為我們作選擇，答覆生活的挑戰，我們甘心做祂的傀儡；後者則是接受祂啟示給我們的生命真相，發揮潛藏的智慧與能力，與祂一起創造，成為祂的「創造同工」（co-creator），為自己的成功失敗或幸福痛苦負起最後的責任。

根據世界的自然律，只要我們的心態有所轉變，外在的環境也會隨之改變，即所謂「境由心造」的道理。但在此，我們應極其小心，世界的現象受制於人類的「共業」，它所

顯示的後果常受時空的限制與扭曲，所以極不可靠，絕不可用肉眼可見的現象作為「靈驗與否」的判斷標準。舉例來說，我們透過祈求，與祂有了某種互動之後，只要能體驗出「上天好生之德」以及自己的生命本來圓滿具足的話，不論癌症是否痊癒，或彩券是否中獎，我們都已「得救」了。

如果只因神明答覆的形式正好是自己期待的，我們便認為祂很靈驗，《奇蹟課程》把這種信仰視為迷信，稱之為「怪力亂神」（magic）。因為，嚴格地說，聖靈只會在心靈的層次運作，祂不會給予我們具體的答覆的，我們所聽到的具體的那一部分，常是自己的「投射」。比較健康的心靈的投射，會充滿「創造」（creation）的能力，出自不安與恐懼的投射，則會淪為一種「妄造」（miscreation），一切端視自己心靈治癒的程度而定，這也是我們必須為一切結果負責到底的理由。

所以，我們若聽到聖靈告訴我們，該去找工作或是自己成立公司這類問題，要極其小心，因它很可能將你引入《奇蹟課程》所謂的「層次混淆」的陷阱。這無異於要求聖靈肯定人間幻境的真實性，硬要祂來解決我們夢裡的問題，存心把祂的光明拉入黑暗，而不是把自己的恐懼帶入祂的光明，請求治癒。

奇蹟需要一些先決條件，我們必須轉變虛妄的心態，奇蹟才有發生的可能。《奇蹟課程》提供了一些先決條件供我們反省：

——奇蹟會消除人類較低層次的需求，也就是生理或有形的需求。

——它會修正我們因果倒置的妄念，不再著眼於外境的順逆而致力於心靈的轉變。

——它透過寬恕治癒了我們恐懼、匱乏與內疚的心態，與所有的人心相通。

這一提醒，能立刻將最庸俗的祈求提昇為救恩的經驗。因此，我們祈求奇蹟時，應先自問我們是否具備了奇蹟的「先決心態」？

至此，也許有人會反問，為什麼傳遞《奇蹟課程》的「那聲音」對海倫就「有求必應」？甚至不惜犧牲形象，當起海倫的「購物顧問」來了！說實話，我們不知「那聲音」與海倫之間有何前世之約，只知道海倫答應負起書記的任務，傳遞它的訊息，而她確實做到了。至於「那聲音」如何哄著她，安撫著她，讓她安心完成自己的任務，則不是我們所能評論的。有一點，卻是有目共睹的，「那聲音」對她的「有求必應」並沒有解除海倫內在的恐懼與抗拒。

　　何況，我們都知道，海倫記錄時，不是在催眠狀態中進行的，書中的訊息乃是透過海倫的潛意識，意識，甚至她的學識背景而進來的。換句話說，她不是傀儡，而是co-creator，她徹底了解「那聲音」的訊息，但她仍有自由拒絕用書中的訊息來改變自己的生活，這一矛盾致使她的晚年活得極為辛苦。

　　《奇蹟課程》中的天人關係顯然超過了「舊時代」的主奴關係，當我們向聖靈祈求時，應明白祂已將我們提昇為co-creator，我們應該放下祈求施捨的奴隸心態，發揮我們的「創造能力」，為自己與世界的得救負責到底。

小我的欲望與野心若不加以清理，
很容易發展出一個「神聖小我」
來取代聖靈的地位。

$\mathcal{21}$
我們都被聖靈耍了？

————————◆————————

Q君：我感到我們都被聖靈耍了。

　　我最近重看了Raj與Paul在《人生畢業禮》的對話，從第一篇到最後一篇（已經翻譯出來的），其實Paul只有一個問題，就是匱乏；而Raj也只有一個答覆，就是be centered。每一次Paul開始恐懼，懷疑Raj所給的承諾（或暗示）根本沒有兌現，Raj總說Paul又看錯了，說Paul是看到甜甜圈中間的洞，要不，就反問Paul，這九年，他不是活得好好的？

　　我也曾經被聖靈那樣「耍」過，有一次，我的恐懼、焦慮、怨尤又發作得厲害，突然一個意念冒出來反問我，「你這輩子有哪個時候是沒被照顧著的？有哪個時候是沒被安全地托護著的？」，我就愣住了，接著就不甘願地痛哭起來，因為想不出有什麼可以反駁的。

　　每次在讀書會裡聽到同修們分享他們如何面對恐懼的挑戰，又如何憑著對聖靈的信念一次又一次的安全度過，我好

佩服他們的誠實與勇氣。然而我自己的恐懼好像還是得自己穿越，還是會重複發作，一時平復了，沒多久就又捲土重來，並不會因為聽了他們的分享就能倖免。我這次重看了《人生畢業禮》，忘了為什麼，又上了Raj的網站，然後我在首頁下方，看到署名Raj的一篇聲明稿："to have, give all to all." 時間是今年三月。我沒有仔細看全部的內容，但大意就是提醒大家要捐款，裡面有一段說，瀏覽網站的人數愈來愈多，但捐款卻愈來愈少。

看到這一篇宣告之後，我那微薄的信任之心就崩盤了。（大概它本來就打算崩盤，所以自然找得到藉口來崩盤）

《人生畢業禮》之前是九年，寫完《人生畢業禮》之後又經過了幾年呢？時至今日，Raj竟然還需要寫這樣一份聲明稿發佈在網站首頁的下方，不往下拉還看不到，這就是Raj所做的，或者這只是Paul用了個Raj的名字而做的？（我這沒有任何責怪Paul的意思，事實上，我怪的是Raj，我同情Paul，但我怪的那個Raj真的存在嗎？還是我同情的那個Paul存在嗎）

我開始生起Paul被騙了的感受，我想Raj和耶穌很奸詐，用這樣的伎倆騙著驢子往前推磨。我得要這麼想，才能名正言順地向祂發洩我的不滿、憤恨與抗議。

但事情不會這麼單純的，因為祂總是有辦法讓我知道，

，我沒有任何不滿、憤恨的藉口，祂的辦法就是讓我寫這封信，然後寫著寫著，我就知道了。

祂會默默地回答：「你可以自己選擇任何一條路，沒有我，就自己去走。」Paul也都有同樣的自由選擇權，但你們都很清楚，那樣一條路，到頭來不知所終，並不會比較容易走。

祂也不會給我有關這世上生活的任何保證，因為那是祂要我寬恕的幻覺。我覺得祂很嚴厲，我想抗議祂不能了解我的苦，但我連抗議都說不出口，因為祂還被釘過十字架呢，我這算什麼？

沒有藉口、找不到藉口，祂總是對的，總是這麼超越；我總是錯的，總是自作孽、咎由自取。祂說一定會照顧你、保護你，就是不會給你任何藉口弄假成真。

為什麼會這樣，為什麼我覺得這個模式跟我媽媽好像。我的媽媽也是照顧保護我，但從不給小孩子發脾氣使性子的藉口。可是我兩邊都做不好，既不像聖子，也做不成像樣的人子，弄得人不人、鬼不鬼的，我到底是陷在什麼幻覺裡？

同修鼓勵我說，他做得到我也一定做得到，他對我說，聖靈的力量早已通傳在我們之間，我甚至不需要完全相信，只要有一點點意願，願牽起祂的手，就一定會收到祂的愛的

回報。

　　問題是，我不想做到，我不想要穿越恐懼，不想要一次又一次地，像Paul那樣。我佩服他們，但我不想，我只希望恐懼能憑空消失，可是掌管奇蹟的耶穌是不幹這種事的，祂不會幫我消除我的恐懼，因為祂說祂知道那不是真的。而我覺得，我一點都不想相信祂，我比較情願相信是祂辜負了我。

　　為什麼會這樣呢？

若水：我想罵祂的話都被你罵完了，我想，很多學員不敢發的悶氣也被你發洩光了，感謝。

　　其實，你早就看祂不爽了，只是用Paul當藉口而已。說了半天，自己最後招供出來，原來你把媽媽的形象投射到上主那裡了。搞不清你是在怨你老媽還是怨聖靈，上主好像在揹黑鍋呢！

　　何況，你明明說「你不想做到」、「不想穿越恐懼」，卻問我「為什麼會這樣呢」，讓我想起，小我當初也是這樣質問上主：「我好端端地怎麼會去選擇小我？你告訴我！」

　　不過，我還是想借題發揮一下：

　　你打抱不平的這些人口中的聖靈，包括《告別娑婆》的

上師，也可能是小我玩的把戲哩。我們每一個人都會選擇某種特別的學習方式，有些人愛用腦袋推理，有些人用身體感受，有些人通高靈去了。

Ken Wapnick從不認為那真的是聖靈，因為聖靈不會給什麼個別答覆的。既沒有特別的答覆，那麼真正被聖靈感動的人，想講也講不出個所以然來；講得活靈活現的，那只是她／他的特殊聖靈而已。

最近讀到《奇蹟課程》的一段話：

> 你能為自己的獨特性辯護下去，但你絕聽不到它
> 旁邊的聖靈之音。……對每個特殊的人而言，各
> 具不同意義的不同信息就是真理。然而，真理怎
> 麼可能對每一個人都不同？獨特的人聽到了獨特
> 的信息，更加肯定他們是不同的個體。
> （T-24.II.5:1~5）

奇蹟研習第三階段，美其名為「與聖靈連線」，並非真的要從聖靈那裡獲得什麼具體答覆，不過是藉著「另一位」的假相，跳出我們習以為常的小我思維模式而已。至於從小我出來，會跳到哪裡去？那就難講了。小我的欲望與野心若不加以清理，很容易發展出一個「神聖小我」（holy ego）來取代聖靈的地位都不自覺。因此，我在帶第三階段研習時，都會比較小心。

　　還想多分享一些，但我自己對上主也有怨尤，所以寧可在一旁幸災樂禍，無法替祂說好話。何況快到半夜十二點了，更不想說好話了。

Q君：你能不能把Ken的說法，較仔細地解釋給我聽？

　　因為我突然想到，當初，耶穌對海倫提供了許多個別又具體的訊息，連哪裡的百貨公司在大減價這種無聊又只符合個人特殊需求的訊息都提供，這也真的很詭異。

　　如果你對我說，連那個傳《奇蹟課程》的耶穌也是海倫的小我的把戲，我想我可能心臟會受不了。不過你還是說實話好了。我寧可心臟病發作也要聽實話。

　　我勉強可以接受耶穌是象徵性的人物，就跟我們也是象徵性一樣，住在象徵裡。但起碼我還可以握著一根《奇蹟課程》這書是「使用知見卻直指超越知見之境」的救命稻草，不管它是怎麼來的。

　　但這書既然自己擺明了耶穌的口氣，就是承認耶穌這個名號可以掛在這本書上，耶穌不是個人性的，是有普遍性意義的，而如果他對海倫提供了這麼多具體個別的訊息會妨礙他身為傳訊來源的可信度，那不就表示了連《奇蹟課程》本身也是不可信的？

若水：海倫與耶穌的私下關係其實也屬於特殊關係，正因如此，Ken才一直追問海倫什麼是真實的祈禱，她嗯嗯啊啊拖了好多年，才願意去接收耶穌的答覆，即是〈頌禱〉一文。

《奇蹟課程》的權威，不是因為海倫說那是通靈的，才有價值，是它的內容直接與許多心靈相應了，是那些甦醒的心靈在背後支撐此書的權威。最詭異的是，比爾說：海倫在筆錄時的解離心態（dissociation，其實就是暫時的人格分裂），她的小我才無法插手攪局。也正因如此，海倫也很難真正學到書中的教誨。

你可知道，海倫筆錄完《奇蹟課程》後，偶爾還會幫人傳達訊息，Ken說，只要她「有心想幫忙」，通靈的資料就不大可靠了。意思就是說，**你一有自己的動機（不論好壞），靈性訊息就可能受到扭曲**。所以筆錄完成以後，海倫繼續與《奇蹟課程》劃清界限，沒有把自己的欲望投射在這本書上，這本書才可能保持它的獨立完整性。

從佛教的「聖諦」來說，上主與小我確實是無法並存的；但若由娑婆世界的「俗諦」來講，人間的每一件事情都有小我與聖靈的影子，因為若無「真實生命」在後面支撐，小我哪來呼風喚雨的能耐？（說實話，聖靈除了幫我們拆解小我的把戲以外，也沒有在人間幹過什麼正經事）

　　傳到人間的絕大訊息，都是透過小我的「過濾網」而來的。所以，你的靈感、我的神來之筆，都可能是通靈，只是看我們怎麼去界定「來源」而已。

　　你可知道你是「憑什麼」認出那根「救命的稻草」？不正是你內在的靈性開始跟它相應了嗎？難怪你的「理性思辨」立即緊張起來，小我知道大禍臨頭，所以催著你不斷質疑反問，不讓你深入體會或應用裡面的觀點。

　　你目前陷於「思辨張狂」的反攻期。這不過顯示出你現在已經選擇了聆聽妄念，居然還要我們來跟你共鳴一番！

Q君：話說回來，你在《創造奇蹟的課程》與 Ken 的問答對話中，Ken 提到：「至於上主、聖靈的說法，跟耶穌是同一回事，這三個傢伙都是同樣的虛幻不實，只是象徵而已。」那 Ken 所謂的「真正的聖靈」到底是什麼意思？既然都是虛幻不實的象徵，那又怎麼會有真正的聖靈可言？到底什麼是可信的？因為這直接影響到我憑什麼相信聖靈，讓聖靈來做決定而不是靠自己做決定？因為我根本搞不清楚什麼才是真正的聖靈？Ken 應該要解說清楚，因為像我這類學員，信仰與虛無只在一線之間，一不小心成了尼采，就會瘋上一輩子！（咦？我好像在威脅人）

若水：任何宗教名稱都只是一個代號而已，每個人，每個時代都會賦予不同的意義。但它真正的內涵不是靠理性分析，

也不是靠信仰了解的，而是靠你依照它教你的方法去活出所體驗到的「真知」（You know）。

說到這裡，真的感謝你提出了這個問題。

修《奇蹟課程》絕不是靠信仰，若只信它那一套形上理論，對你的生活不會產生太大的變化。你一定記得〈練習手冊〉導言說的：「你不用相信或接受這些觀念，甚至無須心懷好感……這一切都無妨。」它要你誠實地把那些觀念應用出來，好好地實驗一下。

正因你把《奇蹟課程》當成了信仰對象，難怪一個觀念想不通，你就抓狂了。《奇蹟課程》曾說，你的問題不是你怎麼想，而是你怎麼重視自己的思考能力（you believe that you can think apart from God）。

Q君：我其實還能接受上主、聖靈與耶穌都只是一種比喻性的說法，在天堂或什麼的……管它是什麼，反正就是沒分裂的那個樣子，根本沒有分別，全都你儂我儂融成一團；但在意識領域裡，聖靈如果不傳個別具體的訊息，那要怎麼救度我們？但聖靈如果可以傳具體個別的訊息，我也不會因此高興，因為我總是接不到的那一個。哼！我不必成為尼采，就照樣瘋得很厲害（分裂得很厲害），好歹尼采還是個赫赫有名被人尊為哲學家的瘋子。

若水：唉唉唉，你不想選擇聖靈的話，至少可以選擇小我，千萬不要選擇尼采。

　　你不是聽不到聖靈的臨在，只是你「選擇」去相信小我的「思辨邏輯」。《奇蹟課程》說過，小我老愛問問題，把自己吵得聽不到答案（聖靈）。這分明表示我們根本不想聽到答案嘛！

　　你最近嘴上老掛著「我不懂，做不到，我沒有，我快瘋了」，快變成口頭禪了。每一句話外表上好像在求教，其實是在做「聲明」（statements）。每一句哀怨其實都是一個選擇，它都在你身上轉為現實，於是你就真的「不懂」、「沒有」，也「做不到」了。

　　我發覺Tom近年來的答覆愈來愈「絕對化」了，他答覆「如何治癒身體」的問題時，他說，你必須先相信你內沒有什麼需要治癒的，這樣，你的力量才會出來。

　　《奇蹟課程》的下手法，確實與一般的方法「恰恰相反」。真的，如果救恩來自於自己，你不斷提問，只會引發更多的問題；你的否定，只會抵消自己的力量；你的尋找，也只是保證你會「找不到」。

Q君：我其實有點失落，你沒替祂多說些好話，因為我好像是在等著你來平衡。

　　我昨天看到了〈練習手冊〉中的一段話,感到很不安。這一段話是:「你一旦知道了,過去、現在及未來所發生的每一件事,都是一心只為你好的上主安詳地計劃出來的,你怎麼可能拒而不受?也許你誤解了祂的計劃,因祂絕對無意使你受苦。」第135課18段:「時間領域裡的事,與上主何干?」還安詳地計劃出來「每一件事」。我不知道該怎麼正確地感受這一段話。這段話讓我深感不安,彷彿「絕對一體論」只是個教學的權宜措施。

　　你要是講清楚這一點,我保證不會那麼常發作「我一定要知道」的毛病。

若水:你又在裝傻了,你其實很清楚「層次混淆」與《奇蹟課程》的比喻用法。它一講到上主那一層次時,都是用比喻方式(metaphors)。它還講上主在流淚;沒有我們這群賴皮鬼,上主都無法圓滿這類話呢!你要這樣跟聖靈算帳的話,這本書就可以丟到火爐裡去了。

　　它之所以把上主聖靈講成活靈活現的「另一位」,因為恐懼中的小我需要結盟來壯膽,所以祂乾脆讓我們與祂建立「特殊關係」,然後一點一點地化解我們對祂的錯誤觀念。

　　很多讀過《奇蹟課程》好幾遍的人都領教過這部書的奸詐,每當自以為懂了的時候,書裡會突然跳出一行你從來沒

有看過或聽過的話，一下子就把你以前所了解的推翻了。

說到究竟，特殊的啟示根本是你的恐懼消散後，自然浮出的領悟。原來是你的自性在教自己，就像《告別娑婆》的兩位上師，搞到最後，原來是悟道的葛瑞在教尚未開竅的葛瑞。但為了讓時時感到迷途的我們有些安全感，所以說成：上主為我們做了最完美的計畫，「止小兒啼也」。

所以，當小我囂張時，你應拼命叩問聖靈，養成「每事問」的習慣，當你平靜時，不問自知，哪有什麼聖靈？原來是你的自性。（也有人用折衷的方法，說是人類整體意識the Consciousness，其實就是靈性）

聖靈從不做什麼，他最會「利用」小我的傑作轉個彎而已。所以你搞不清楚，究竟是「誰」在教「誰」，這是聖靈的聰明之處。

今晚耶穌就復活了，你也該覺醒了。

Good night！

Q君：你知道嗎？我這雖然是自己找罵挨，卻覺得蠻痛快的！嘿嘿，只要能再度從搖擺中解脫出來，被罵一罵也是心甘情願。

若水：再給你一句讓你心臟受不了的話：

這幻覺（獨特性形成的世界）連地獄都不如，你
卻選作自己的家園。並不是祂為你選的。別要求
祂介入此事。（T-24.III.6:2~4）

沒事嚇嚇你，我也好痛快。

Q君：我昨天轉寄給你的一篇同修的分享，你讀了沒有？
不知道為什麼，我以前看到這樣的分享，總是欣賞佩服，但
最近卻會開始困惑，還有酸酸的怨尤感，對聖靈和耶穌的怨
尤。這個與聖靈或耶穌之間的課題，對我來說，是個天大的
謎。

若水：又來了，真會裝啊！你當然知道「為什麼」，只是說
不出口而已。

這是小我最常有的反應：「他有，我沒有，一定是有人
從我這兒偷走了，或是沒有給我……。」一個人如果看不見
自己的美好、特質以及才能，一定會投射出去，可能變得很
會欣賞別人的優點，其實這下面隱藏著種種辛酸。

這些年來，我每次具體誇獎你的才能與心思，你可能只
是把它當成一種鼓勵而已，認為並非真的。其實這正是你一
切問題的關鍵。你若不會欣賞自己，一定會影響到你和外界
的關係。你容易同情弱者，較難欣賞強者，更別說承認聖靈
給你的種種恩典了。

其實，你那麼容易體感到別人的好處，認為每一個人都比你好，按照《奇蹟課程》的投射原理，不正因為你裡面也有這個好處，只是不敢或不肯承認而投射在他人身上罷了。你若要從自怨自艾的深淵爬出來，就得試著把眼中看到的每一個人的優點還原到自己身上，敢在自己身上去肯定那個優點的存在才行。

說到這裡，可能刺到你的痛處了，你從小未受到重視的創傷，一直沒有處理，很可能已經長膿了。這有待一段輔導與治癒的過程，把傷口下的膿擠出來。若不把這些痛宣洩出來，光用這些靈修的話去覆蓋傷口，只是「紙上談兵」，效果不大。

Q君：為什麼那些同修又有正知見，又能具體經驗得到？正知見和解決方法我都想要咧！為什麼給別人就兩個都給，給我就是只給正知見而不給解決方法。光是知道正知見卻活不出來，有什麼用？

若水：唉，看到這麼聰慧的小子故意講些無厘頭的話，真讓人抓狂。

你不只有正知見，也不只有方法而已，聖靈還附送給你一堆活生生的見證，這些禮物三番兩次送到你家門口，你不是把它踢出去，就是任它們堆在門口，卻在門後謊報：「我沒收到啊！」

　　我記得 Raj 有回跟一位常說「我作不到」的聽眾說:「誠實一點,不要說 I can't,而應說 I won't(我不想),你就有轉機了。」

　　你既然要方法,我現在就給你一個方法:當你再這樣自貶時,你只需重新作個選擇:「我決定不說這笨話了,我現在要說⋯⋯。」你的新人生便開始了。

Q君:**我真的做不到啊,因為我真的很恐懼呀!**

若水:呀呀呀呀!我總算開竅了,原來你只是叫一叫,並不是真的想改變。我看你挺 enjoy 你目前不通不通的感覺。

　　你做過「九種人格類型」嗎?我猜你是屬於第四型的,specialness。感覺一下,這類恐懼與怨尤是不是表達你獨特生命感中很重要的一環?而我竟然不自量力,想要偷走你的特殊寶貝,難怪,聰明如你,道理全懂,就是轉不過來。

　　你儘管繼續ㄠ下去吧!等ㄠ夠了以後,你再重新選擇,你什麼也不會失落的,反正「真實的不受任何威脅」嘛。

　　我們的對話一定要整理出來,愈說下去,愈發覺這番對話裡暗藏玄機。我最近忙著準備研習資料,毫無靈感,不想寫文章,聖靈只是藉著你來搔我的癢,我還真把它當成你的問題翻來覆去地研究,原來都上了聖靈的當。

Q君：我真是交友不慎啊，你竟這樣把我賣了……你既提出這要求，又把聖靈抬出來，我還能拒絕嗎？

好吧，言歸正傳，人格九型，最有系統引介的，應是葛吉夫，葛吉夫所介紹的人格類型分析，其實主要目的是為了「觀察」，透過觀察來了解人的「機械性」和「一再陷入」的方式，也因為觀察到人的機械性是如何的運作，而能對人類有更深的體諒（就像耶穌說的，父啊，原諒他們，他們不知道自己在做什麼），與對自己的「獨特性的幻想」的消解，一些自以為是的優點或作為，其實並不是因為自己真的有什麼特別的能耐或努力，而只是因為剛好是某種類型的運作方式所導出的結果。

我最近比較清醒，看得出我虛幻的娘跟我虛幻的聖靈都揹了黑鍋，看出了真正的幕後黑手，真是說不出的感受啊，連這個黑手藏鏡人，都是個虛幻不存在的傢伙。

最近一位朋友對我說起了前世今生的故事，說他曾有個隨時隨地都能通高靈的一生，那樣的一生使他活在這世上顯得很特殊；而他這一世卻絲毫沒有這種能力，反而是他偶遇能通靈的人，就覺得他們很特殊。我們討論的結果是……原來不管是哪一種人生，都是我們可以寬恕的幻覺，一時之間心中感到輕鬆自在。我們這種人生，一定也有我們可以學習的方式，或許啊，我們是要透過認出聖靈臨在每位弟兄的身

上來學習寬恕，透過這樣的方式學習與弟兄結合，因此也就
無需去計較聖靈是否臨在自己身上了，只要靜下來就夠了，
靜下來就會發現，慧見真知就在靜默之中發言，等著每個人
的接納。

　　我們雖然沒有明確地感覺到自己有通靈的能耐，卻也照
樣口口聲聲的聖靈長聖靈短，其實不外是基於一種認知：就
像 J 兄「言必稱天父」，是為了表明天父更大於他，我們開
口閉口聖靈，為的也是同一個目的，是為了與弟兄合一，是
為了把一切歸於「一體」，不願再做一些虛妄的、分裂的自
我彰顯了。

別忘了，

當你開始靈修之旅的那一刻，

小我也興沖沖地與你一塊出發了；

在你每一個助人的意向裡，

小我早已插上一腳了。

最後幾句話
一個奇蹟講師的自省

　　如果我們老老實實地作〈練習手冊〉裡的練習，而且奉
行導言中的指示：「在運用手冊中的觀念時，絕不容許自己
妄行設定一些例外。」那麼，翻開第一課，我們可能就被卡
住了。既然所見的一切不具任何意義，那麼《奇蹟課程》和
所有的宗教、經典、電視、新聞一樣，不具任何意義了？

　　**沒錯，《奇蹟課程》和所有的書籍一樣，都是白紙黑字
，不具永恆絕對的意義。**然而，這隻在人間漂流了將近三十
年的「舴艋舟」，承載了過多可歌可泣的故事與意義。為它
立述者有之，為它興訟者有之，為它建立教會或中心者有之
，為它傾家蕩產者有之。僅僅三十年不到的光景，《奇蹟課
程》不只累積了世間所有的「意義」，而且學派林立，彼此
雖不至於惡言相向，但仍看得出誰也不服誰的較勁心態。

　　遠在美國的一位奇蹟講師潘德修（Hugh Prather），見
此發展而感到心憂，藉著懷念老友比爾‧賽佛（William
Thetford），而作了一番誠摯的反省。

　　比爾雖是《奇蹟課程》的筆錄者之一，但從不以專家自居，也很少去修正其他人的解說，連與他自身有關的緣起史料，當海倫的傳述跟他的記憶有所出入時，他總是當作笑話一般，輕描淡寫地略過，從不感到自己負有釐清細節的「使命」，他常勸一頭熱的讀者，不要太咬文嚼字了，唯有活出書中的精神才是要務。

　　潘德修自從1978年認識比爾開始，就與《奇蹟課程》的「種子讀書會」會員，茱麗、肯尼斯、簡波斯基等人過從甚密。他們雖然親如家人，但對《奇蹟課程》的未來，一開始就出現兩種不同的聲音，一是成立基金會，保護版權；一是把此書交給大眾，讓它自生自滅。海倫代表前者，比爾顯然屬於後者。

　　比爾自從交出《奇蹟課程》的打字稿以後，不曾出過一本書，不曾開過一次課，直到拗不過朋友的邀請時，偶爾上台發表過幾回演說，他總不忘提醒讀者，這些文字不是真理，讀不懂就跳過去，重要的是回歸寬恕與大愛。潘德修兩次親耳聽到比爾勸朋友說：「撕掉那一頁，不要讓那觀念橫梗於你和弟兄之間！」

　　如果我們都聽從比爾的勸告，撕掉任何有異議或起爭執的章節的話，大概整本書早已撕光了。這未必是一件壞事，連《奇蹟課程》最後都要我們放下它：

> 不要執著於過去學來的任何想法，或根據任何經
> 歷所塑成的信念。忘掉這個世界，忘掉這個課程
> ，雙手空空地來到上主面前。（W-189.7:4~5）

　　有此典範在前，有此課程在前，我們總以為《奇蹟課程
》已經具備免疫力了，不會像舊時代的宗派一樣，淪為「我
聖你凡」、「我對你錯」的分裂藉口了。事實不然，《奇蹟
課程》跟其他經典一樣，逐漸成為爭執的焦點，義理的正確
與否似乎壓過了「寬恕」的修持。

　　我們很容易忘記，《奇蹟課程》從不認為自己是凌駕一
切宗派的獨門絕學，它只說自己最多能為學員省下一些時間
，少走一些冤枉路，向孤獨奮鬥的修行人士伸出一雙溫暖的
手而已。

　　僅此一訣，它就超越傳統經典之上了；僅此一訣，它就
應脫離名位、聲譽與權威的污染了。然而，潘德修二十五年
後在慶祝會上與老友重逢時，他驚訝地看到，這群在《奇蹟
課程》裡浸潤了二十五年的老友，一個一個變成了明師，彼
此之間只剩下寒暄，而難以進行真誠的交談了。讓他不禁自
問：這究竟是怎麼一回事？一本只講一體與寬恕的書籍，怎
麼可能導致這麼大的間隙？一個強調「純潔無罪」及「一體
不分」的學說怎麼開始與人興訟了？

潘返家以後，與他的妻子作了這番自省：

> 我和 Gayle 誠實地自我反省了一番，我們發現
> ，這些年來，我們擔下了牧靈與講學之職，寫
> 了將近一打的靈修書籍，然而僅憑這一奉獻的
> 熱忱，並沒有把我們變得更慈悲一點，或清醒
> 一點。我們跟大多數人一樣，開始時，懷著學
> 習與改善自己的動機，真心想要幫助別人，結
> 果好像適得其反。我們投入教學及寫作的時間
> 愈多，心胸卻愈來愈缺乏彈性，往往忙自己的
> 事都來不及了，再也無法像以前那樣大方地陪
> 伴有需要的弟兄。

他發覺那一群老朋友跟他一樣，忙著傳道授業解惑，無
暇反顧自身微妙的變化，以為只要出自善意，動機正確，再
美其名地「交託」一下，靈修之路便一帆風順了。潘語重心
長地說：「別忘了，當你開始靈修之旅的那一刻，小我也興
沖沖地與你一塊出發了；在你每一個助人的意向裡，小我早
已插上一腳了。」

潘開始懷念他的老友比爾──只是默默地活出奇蹟的精
神，寧願跟一群沒聽過《奇蹟課程》的朋友「鬼混」，也懶
得去講解《課程》的大道理。也許比爾的方式更貼近〈教師
指南〉所勾勒「上主之師」的畫像，正如同潘的描繪：

這些人，似乎不太想標新立異，與眾不同，大致來講，他們活得相當平凡簡單，平易近人。他們的時間常耗在不太重要的事情上，他們的心常放在不太重要的朋友身上。他們通常沒有特別的主見，所談的主題都是隨興而發的。這些人通常很容易滿足，說不出理由地笑口常開，由於他們的小我的殺傷力愈來愈小，所以看到別人的小我演出，只覺得可愛好玩，從不當真。這些人通常和我們龍蛇雜處，毫不顯眼，絕對上不了封面人物，他們只是在平凡的生活中，靜靜傾注他們的自在與平安而已。

海倫與比爾好似為我們傳遞下來兩套傳承，海倫就像儒家，自己雖不出馬，卻鼓勵肯尼斯負起「載道」之職；比爾則如道家，一副「不可說」的模樣，逍遙度日。《奇蹟課程》透過這兩批人馬，在西方傳播開來了，但它能否保持原始精神，而不落入傳統宗派的紅塵，全看日後每一個奇蹟學員「選擇」如何活出它的精神了。

每一天，我們都有不下百次的機會會晤弟兄，每一個會晤，我們都會留下一些東西，它是恐懼或批判？還是諒解與支持？在在賦予了這一本書的人間意義，也決定了《奇蹟課程》的未來命運。

　　《奇蹟課程》的覺醒之道，不是要我們悟出什麼天大的真理，它只想治癒我們與他人的分裂心態，回歸「本來就是一個」的實相。這一功夫可不是靠研讀或辯論，而是透過每天與人的互動而磨練出來的。

　　它透過每一個平凡的會晤來問我們：你的起心動念究竟是出自分別意識，還是著眼於你們的相同性、平等性以及一體性？

　　唯有去愛，才可能覺於愛；唯有給人平安，才可能悟入天堂實相。這麼簡單的課程，為什麼那麼難以做到？

奇蹟資訊中心 出版系列：

(1)《奇蹟課程》（A Course in Miracles）

　　《奇蹟課程》是一部轉化心靈的自修課程，以基督信仰為表，以佛學為裡，藉現代心理學，揭發人性的幽冥與光輝，為人類生命重新定位，且指出出離之道。已被西方公推為二十一世紀的靈修寶典。

　　本書內容共分三部，第一部〈正文〉，為「寬恕」提出一套深湛的形上思想架構。第二部是〈學員練習手冊〉，共三百六十五課，旨在潛移默化學員的心識及知見。第三部為〈教師指南〉，全文以問答形式澄清讀者可能有的疑難。（全書長達1200頁，聖經紙精美印刷）

(2)《奇蹟課程補編》

　　這是海倫・舒曼博士晚年所接收到的訊息，把《奇蹟課程》獨到的見地具體應用於心理輔導上，將心理治療由一種職業提昇為靈修經驗，諮商師與受輔者一起學習寬恕，共同得到治癒，是心靈工作者必讀的靈修書籍。（全書108頁）

(3)《寬恕十二招》

　　《寬恕十二招》把整套自我寬恕過程編寫成十二招。作者保羅・費里尼藉此引導我們靈活且勇敢地超越自卑、自責以及過去的創痛，而進入深度的自我寬恕。這是所有準備好負起自我治癒之責的人必讀的書籍，也是曠世靈修經典《奇蹟課程》的輔讀書籍。（全書110頁）

(4)《無條件的愛》

　　作者保羅・費里尼繼《寬恕十二招》之後，以散文筆法細細描述每一個人心中都擁有的「無條件的愛」。他由大我的心境出發，以第一人稱的對話方式，直接與讀者進行心與心的交流。此書充滿了「醒人」的能量，是陪伴你走過人生挑戰的最好夥伴。（全書215頁）

(5)《告別娑婆》

　　宇宙從哪兒來的？目的何在？我是什麼？為什麼會在這裡？要往哪裡去？該怎麼活在這個世界？作者葛瑞・雷納與兩位上師的生動對話，將《奇蹟課程》的精神發揮在現實百態中，真愛、疾病、性與股價，無所不談。讀本書，你會有一種「千年暗室，一燈即亮」的領悟。（全書513頁）

(6)《一念之轉》

　　《一念之轉》實屬當今書坊的一股清流。作者拜倫・凱蒂曾受十餘年的憂鬱症所苦，一天早上，她突然覺悟了痛苦是如何形成又如何結束的。由此經驗中，她發明了四句問話的「轉念作業」（The Work），引導你由作繭自縛中徹底脫身，是一本足以扭轉你人生的好書。（全書448頁，附贈轉念作業個案VCD）

(7)《斷輪迴》

阿頓與白莎回來了！

由於《告別娑婆》的走紅，葛瑞的生活形態發生重大轉變，阿頓和白莎應他之請，繼續為他釋疑解惑，笑談棒喝之中，在在融入了《奇蹟課程》最高層次的「真寬恕」，讓讀者了知，如何在具體人生發揮undo的功能，進而瓦解小我的動力核心，徹底切斷人類的輪迴之根。（全書304頁）

(8)《奇蹟課程研習會第一階段理論基礎班DVD》

有鑒於《奇蹟課程》的博大精深，常讓讀者不得其門而入，若水以三日研習的形式，系統化且階段式地解說整部課程的思想架構，將寬恕理念落實於現實生活。本套教學DVD剪輯自2005年在台北舉辦的「第一階段理論基礎班」的現場錄影，共八講八個小時，並附講義及MP3光碟，中文字幕並具簡繁兩體。

(9)《奇蹟課程研習會第二階段自我療癒班DVD》

本套DVD係2006年若水在台北舉辦的「自我療癒班」現場錄影精心剪輯而成，若水以《奇蹟課程》為經，以你我個人的生活經歷為緯，佐以電影《魔戒三部曲》的比喻解說，透過天人關係的宏觀視野與潛意識的微觀徹照，切入錯綜複雜的人際關係，徹底清理人類作繭自縛的心障。共十二講，近十個小時，並附講義。中文字幕（繁體）。

(10)《奇蹟課程導讀系列叢書》（2008年起陸續出版）

本系列叢書是若水這些年來與《奇蹟課程》讀者在網站上切磋激盪出來的結晶。她集西方奇蹟教師三十餘年的智慧傳承之大成，深入淺出地為華文讀者撥開《奇蹟課程》的迷霧。此導讀系列改編自《點亮生命的奇蹟》，並增補了若水近年來的新作。改換「輕」裝上陣，分為三冊：

《創造奇蹟的課程》　　《生命的另類對話》　　《從佛陀到耶穌》

(11)《奇蹟課程》系列有聲教學教材

奇蹟資訊中心每年發行《奇蹟課程》譯者若水的演講錄音或錄影光碟，將《奇蹟課程》的抽象理念與現實生活銜接起來，幫助讀者了解《奇蹟課程》的精髓所在，是奇蹟學員不可或缺的有聲輔讀教材。歡迎上網查詢詳情。

美國「心靈平安基金會」特為《奇蹟課程》中文讀者設立一個內容豐富的教學網站，講解《奇蹟課程》的內涵與精神，答覆讀者的疑難，並提供「奇蹟資訊中心」的最新活動消息，歡迎上網查詢

www.accim.org　奇蹟課程繁體中文網
www.accim.cn　奇迹课程简体中文网
www.ksxl.org　寬恕心理網

國家圖書館出版品預行編目資料

生命的另類對話 / 若水作 . －－初版 .
 －－臺北市：奇蹟資訊中心，奇蹟課程，民97.04
面：14.8 X 21公分 .
 －－（奇蹟課程導讀系列：2）

ISBN 978-957-30522-4-1（平裝）

1. 靈修　2. 自我肯定　3. 問題集

192.1022　　　　　　　　　97005815

生命的另類對話　　奇蹟課程導讀系列（二）

作　　　者／若 水
責任編輯／陳玉茹 李安生
校　　　對／李安生 黃真真 李秀治
封　　　面／番茄視覺設計
美術編輯／番茄視覺設計
出　　　版／奇蹟資訊中心・奇蹟課程有限公司
　　　　　　台北市民權東路3段186號7樓
聯絡電話／(04) 2245-1255
劃撥訂購／帳號 19362531　戶名 劉巧玲
網　　　址／www.accim.org
電子信箱／admin@accim.org
　　　　　　mictaiwan@yahoo.com.tw

印　　　刷／世和印製企業（02）2223-3866
出版日期／中華民國九十七年四月初版
經銷代理／聯經出版公司
　　　　　　電話 (02) 2913-3656

定　　　價／新台幣 280 元

ISBN 978-957-30522-4-1